Christina Herr

Erzähl ich von früher …

Christina Herr

Erzähl ich von früher …

Geschichten und Erinnerungen

 neukirchener

Bildnachweis: Alle Fotos sind mit freundlicher Genehmigung dem Privatarchiv von Dr. Wolfgang Vreemann entnommen.

Bibliografische Information der Deutschen Nationalbibliothek: Die Deutsche Nationalbibliothek verzeichnet diese Publikation in der Deutschen Nationalbibliografie; detaillierte bibliografische Daten sind im Internet über http://dnb.d-nb.de abrufbar.

4. Auflage 2023
© 2018 Neukirchener Verlagsgesellschaft mbH,
Neukirchen-Vluyn
Alle Rechte vorbehalten
Umschlaggestaltung: mm design, mario moths, Marl
unter Verwendung folgender Bilder:
zwei Bilder oben © Christina Herr,
Bild unten © Elzbieta Sekowska, shutterstock.com
Lektorat: Laura Hirschberg, Neukirchen-Vluyn
DTP: Magdalene Krumbeck, Wuppertal
Verwendete Schriften: Adobe Garamond Pro
Gesamtherstellung: Drukarnia Dimograf Sp. z o.o. Bielsko-Biała
Printed in Poland
ISBN 978-3-7615-6487-5
www.neukirchener-verlage.de

Inhalt

Von Fortschritt, Veränderung und Vergangenheitsbewältigung

Für meinen Vater Wolfgang Vreemann, der maßgeblich dazu beigetragen hat, dass ich mich liebend gern an meine Kindheit erinnere. Später einmal werde ich meinen Enkeln viel Schönes von früher erzählen können. Und dafür danke ich dir, Papa!

»Gott schenkt uns Erinnerungen, damit wir Rosen haben im Dezember.«
SIR JAMES MATTHEW BARRIE

Vorwort

Liebe Leserin, lieber Leser,

»Erzähl doch mal von früher!« Mit dieser Aufforderung bat ich als Kind oft meine Oma oder meine Eltern, mir eine Geschichte aus ihrem Leben zu erzählen. Mit großen Augen und gespitzten Ohren lauschte ich dann ihren Erlebnissen, Erinnerungen und Erzählungen von damals. Schnell merkte ich, dass es jede Menge zu berichten gab, dass ihre Kindheit und Jugend reich an persönlichen Geschichten waren. Mittlerweile weiß ich: So verhält es sich mit der Lebensgeschichte eines jeden Menschen. Jeder Mensch, der ein reifes Alter erreicht hat, trägt einen wertvollen Schatz an eigenen Geschichten und Erinnerungen in sich. Geschichten und Erinnerungen, die *erzählenswert* sind, die es wert sind, weitergetragen und geteilt zu werden.

In diesem Buch finden Sie solche Geschichten und Erinnerungen. Sie stammen zum einen aus der Feder einiger bekannter Persönlichkeiten wie Loki Schmidt, Astrid Lindgren, Erich Kästner und Anne Frank und zum anderen – größten Teil – aus dem Erfahrungsschatz von Frauen und Männern, die auf ein erlebnisreiches Leben zurückblicken können. Diese Menschen waren so freundlich, ihre Lebensgeschichten mit mir – und letztendlich mit Ihnen, liebe Leserin, lieber Leser – zu teilen. Sie erzählten mir von ihrer Kindheit und Jugendzeit, von Begebenheiten in der Schule und im Familienkreis, von Alltagspflichten und Freizeitbeschäftigungen, von Ängsten und Bewahrungen während des Krieges, von Neuanfängen und Veränderungen. Es sind Geschichten, die von Dankbarkeit und Zufriedenheit zeugen, aber auch von schmerzvollen Erfahrungen, die ebenso Teil vieler Lebensgeschichten sind. Eines jedoch ist allen Frauen und Männern, mit denen ich mich unterhielt, gemein: Sie erinnern sich gern an früher. Und es bereitete ihnen eine große Freude, noch einmal in ihre Vergangenheit einzutauchen und über ihre Erinnerungen zu sprechen. An dieser Stelle möchte ich mich sehr herzlich für ihre Offenheit und Erzählfreude bedanken.

»Je älter ich werde, desto mehr lebe ich in der Erinnerung«, »Gerade wenn man älter wird, wird die Zeit der Kindheit wieder lebendiger und füllt mehr und mehr die Gedanken« – diese Sätze fielen, als ich mit meinen Gesprächspartnern über ihr Leben sprach. Kennen Sie das auch, dass Sie immer häufiger an Kindheitserlebnisse zurückdenken? Dass Sie sich gern in Ihre Zeit als junger Mensch zurückversetzen und in Erinnerungen schwelgen? Der Schriftsteller Erich Kästner schreibt dazu: »Die Erinnerungen liegen nicht in Fächern, nicht in Möbeln und nicht im Kopf. Sie wohnen mitten in uns. Meistens schlummern sie, aber sie leben und atmen, und zuweilen schlagen sie die Augen auf. Sie wohnen, leben, atmen und schlummern überall. In den Handflächen, in den Fußsohlen, in der Nase, im Herzen und im Hosenboden. Was wir früher einmal erlebt haben, kehrt nach Jahren und Jahrzehnten plötzlich zurück und blickt uns an. Und wir fühlen: Es war ja gar nicht fort. Es hat nur geschlafen. Und wenn die eine Erinnerung aufwacht und sich den Schlaf aus den Augen reibt, kann es geschehen, dass dadurch auch andere Erinnerungen geweckt werden.«

Dieses Buch möchte Sie anregen, Ihre Erinnerungen an die Kindheit und Jugend – an Ihre Vergangenheit und das vergangene Jahrhundert – aufzuwecken, um somit ein Stück Zeitgeschichte und Ihre persönliche Geschichte wieder lebendig werden zu lassen. Weiterhin sollen die Texte dieses Buches Sie ermutigen, ebenfalls von früher zu erzählen – ihren Enkeln oder Kindern, der jungen Nachbarin oder anderen Menschen aus Ihrem Bekannten- und Verwandtenkreis. Ich bin mir sicher, dass auch Sie eine Menge an Erinnerungen und Geschichten haben, die es sich zu erzählen lohnt, die es wert sind, erzählt zu werden!

In diesem Sinne wünsche ich Ihnen nun viel Freude mit dem Buch »Erzähl ich von früher …«!

Herzlich,
Christina Herr

13

Damals waren wir noch jung

Kindheit und Jugend

»Bist du erst groß, dann siehst du ein, wie schön es war, ein Kind zu sein. Die Jugend ist die schönste Zeit, nur sie hat wahres Glück. Stets sei dein Herz voll Fröhlichkeit, denkst du an sie zurück.«

AUS DEM POESIEALBUM
EINER ZEITZEUGIN

Gedanken über die Kindheit

In meiner Erinnerung ist meine *Kindheit* ein Zustand. Alles ist so nah gewesen, als man noch Kind war. Man erlebte die Umwelt so greifbar. Die Telefonmasten sangen – es klang so traurig –, ich erinnere mich an alle Gerüche ringsum. In unserem alten Kremser wohnte ein Sommerduft. Man fuhr darin und die Sonne brannte auf das Leder. Der Winterduft kam mit dem Schnee und wenn Mama den Backofen für die Weihnachtsbäckerei sauber fegte. Alle Kindheitsdüfte sind lustbetont. Das ist sonderbar, aber so ist es nun mal in meinem Kindheitsland.

Astrid Lindgren in »Svenska Dagbladet«,
24. Dezember 1967

***

Zweierlei hatten wir, das unsere Kindheit zu dem gemacht hat, was sie gewesen ist – Geborgenheit und Freiheit. Wir fühlten uns geborgen bei diesen Eltern, die einander so zugetan waren und stets Zeit für uns hatten, wenn wir sie brauchten, uns im Übrigen aber frei und unbeschwert auf dem wunderbaren Spielplatz, den wir in dem Näs unserer Kindheit besaßen, herumtollen ließen. Gewiss wurden wir in Zucht und Gottesfurcht erzogen, so wie es dazumal Sitte war, aber in unseren Spielen waren wir herrlich frei und nie überwacht.

Astrid Lindgren in »Das entschwundene Land«

Ein Kinderstreich

Eine meiner ersten Erinnerungen habe ich an eine Begebenheit in meiner Kindheit, als ich im Alter von vier oder fünf Jahren meiner Mutter beim Wäscheaufhängen half. Damals wohnten wir in einer kleinen Zweieinhalb-Zimmer-Wohnung in einem Stadtteil von Wuppertal. Die Wäsche wurde immer auf dem Dachboden zum Trocknen aufgehängt, den wir über eine enge Leitertreppe erreichten. Die hölzernen Wäscheklammern passten wunderbar in die Astlöcher der Bodenbretter und wenn man sie dort hineinsteckte, gab es ein klickerndes Geräusch. Dieses Geräusch gefiel mir so gut, dass ich eine Wäscheklammer nach der anderen aus dem Vorrat meiner Mutter nahm und sie mit einem *Klick!* in den Dielen versenkte. Irgendwann bemerkte meine Mutter, dass sich ihr Bestand an Wäscheklammern drastisch verringert hatte. Leider kam sie nicht mehr an die Klammern heran, weil diese nämlich unter den Fußbodenbrettern irgendwo in der Tiefe der Decke verschwunden waren. Ich bekam natürlich eine gehörige Strafpredigt, das weiß ich noch. Aber Spaß gemacht hat mir dieser kleine Wäscheklammer-Streich trotzdem.

Herr V. aus Marienheide, aufgewachsen in Wuppertal, Jahrgang 1945

Von Jagdhunden, Kassler und
Klavierkonzerten

Ich komme aus einer Försterfamilie und bin mit drei Brüdern groß geworden, die als junge Männer ebenfalls den Beruf des Försters ergriffen. Schon meine Vorfahren waren Jäger und Förster gewesen. In unserer Familie waren wir zu sieben Kindern. Das war schön! Außerdem gehörten immer Hunde zur Familie, Jagdhunde. Das empfand ich als weniger schön. Denn die stanken fürchterlich, wenn sie aus dem Wald kamen! Als Kind sagte ich dann zu meiner Mutter: »Alles, nur keinen Hund, wenn ich erwachsen bin!« Jagdhunde sind zwar gescheite Tiere, trotzdem wollte ich später auf keinen Fall einen. Ich konnte sie einfach nicht riechen. Hin und wieder büxte einer unserer Hunde aus. Er lief dann richtig weit weg und mein Vater oder meine Brüder mussten ihn suchen. Eines Abends wunderte sich meine Mutter, wo denn mein Vater bliebe und warum er nicht zum Abendessen komme. Als er schließlich zur Haustür hereintrat, sagte er nur: »Der Hund. Der war wieder mal im Nachbarort.« Zum Glück hatte mein Vater ihn gefunden.

Da ich als Kind sehr musikalisch war und ausgesprochen gut singen konnte, durfte ich Klavierunterricht nehmen. Zu Hause hatten wir einen halben

Flügel stehen, auf dem ich üben konnte. Im örtlichen Parkhotel wurde jedes Jahr zu Weihnachten ein Vorspiel-Abend veranstaltet – ein kleines Konzert –, bei dem die Klavierschülerinnen und -schüler den Eltern vorführten, was sie gelernt hatten. Auch ich spielte dann ein Klavierstück und begleitete dies mit meinem Gesang. Ein paar Tage vor dem Konzert wurde extra eine Schneiderin bestellt und ich bekam ein neues Kleid, das aus alten Koltern – alten Decken – genäht wurde. Auf das Kleidchen wurden sogar ein paar Perlen gestickt und in meine langen Zöpfe wurden ebenfalls Perlen geflochten. Was haben wir Mädchen schön ausgesehen! Und was war ich stolz! Das war während des Krieges und heute kann ich sagen, dass es trotz der negativen Erfahrungen auch schöne Zeiten im Krieg gegeben hat.

Mein Lieblingsessen früher war Sauerkraut mit Kassler, das esse ich bis heute gern. Außerdem kann ich mich noch an die leckeren Fackelwürstchen aus Speck erinnern. Dazu aß man oft Quellkartoffeln – das ist die hessische Bezeichnung für Pellkartoffeln. Die Kartoffeln schmeckten besonders gut, wenn sie im Herbst frisch geerntet wurden.

Ich habe von eh und je in Lich, einer hessischen Kleinstadt, gewohnt. Hier bin ich geboren, zur Schule gegangen und hier verbringe ich nun mein Alter.

Frau St. aus Lich, Jahrgang 1932

Wir waren zufrieden

An meine Zeit als Kind denke ich sehr gern zurück, ich hatte trotz des Krieges eine wirklich schöne Kindheit. Ich wuchs in der Rehau, in Oberfranken, auf. Mein Vater hatte ein kleines Häuschen gekauft, in dem wir wohnten, in einer kleinen Straße. Dort lebten auch etliche Familien mit Kindern. Wir Kinder spielten meist draußen miteinander, das war ideal. Wir spielten auf der Wiese, bauten zum Beispiel einen Verkaufsladen aus Naturmaterialien und verkauften dort Gräser. Während des Krieges gab es ja fast keine Spielsachen. Ich hatte einen Puppenwagen und eine Puppenküche, die an Weihnachten aufgebaut worden war. Einmal bekam ich ein Paar Ski von meiner älteren Kusine. Auch mein erstes Fahrrad stammte von ihr. Wir haben die anderen Spielsachen nicht entbehrt, hatten nicht das Gefühl, dass uns etwas fehlt. Wir waren zufrieden mit dem, was wir besaßen.

Frau T. aus Lich, aufgewachsen in Oberfranken, Jahrgang 1934

Ein kleiner Tierfreund

Da ich ein Nachzögling bin – meine Geschwister sind achtzehn und zwanzig Jahre älter als ich –, wuchs ich eher als Einzelkind auf und musste mich viel für mich allein beschäftigen. Als ich in die zweite Klasse kam, zogen wir an den Stadtrand von Wuppertal auf ein riesiges Grundstück. Plötzlich hatte ich eine große Freiheit. Ich erinnere mich in diesem Zusammenhang besonders an meine Erlebnisse mit den Tieren, die wir zu jener Zeit hielten.

Wir hatten unter anderem eine Schar von Graugänsen und mit einer dieser Gänse freundete ich mich richtig an. Diese Gans war so zutraulich, dass sie mir aus der Hand fraß und ihren Hals um meinen Hals legte, wenn ich mit ihr spielte. Auf unserem Grundstück befand sich ein kleiner Teich, ein ehemaliger Entwässerungsgraben eines alten Bunkers. In diesem Tümpel spielten und schwammen die Gänse – und ich mittendrin. Als eines Tages eine Reihe von Gänsen geschlachtet werden sollte, verhinderte ich, dass meine »Freundin« ebenfalls unter das Schlachtmesser kam. Sie überlebte dann als einzige von dieser Schar.

Schafe hatten wir auch und die mochte ich ebenso gern. Meistens waren es Einzeltiere, die ein Jahr lang gehalten wurden, um dann als Jungtiere

geschlachtet zu werden. Wenn sie als Lämmer zu uns kamen, freundete ich mich mit ihnen an. Ein Schäfchen – es trug den Namen Lotti – lief auf dem Schulweg oft ein Stückchen hinter mir her und kehrte allein wieder zurück, wenn ich sagte: »Lotti, geh nach Hause!« Dann blieb Lotti stehen und machte sich, nachdem ich ihr mit dem Finger den Weg nach Hause gedeutet hatte, ganz brav auf den Heimweg. Lotti war ein sehr kluges kleines Schäfchen.

Herr V. aus Marienheide, aufgewachsen in Wuppertal, Jahrgang 1945

Zweigleisige Erinnerungen

Ich erinnere mich gern an früher, aber zu meiner Kindheit gehören auch die Erlebnisse während des Krieges. Meine Erinnerungen laufen zweigleisig: Einerseits gibt es schöne Erinnerungen an meine Zeit als Kind, andererseits auch die weniger schönen an den Krieg.

Ich bin im sächsischen Vogtland geboren, südlich von Plauen, in der Nähe der tschechischen Grenze. Diese Gegend nennt man auch Musikwinkel, sie ist bekannt für den Musikinstrumentenbau. Mein Heimatort ist Oelsnitz im Vogtland – eine Kleinstadt, die gleichzeitig Sitz der berühmten Teppichfabrik »Koch und te Kock« war. Für diese Firma hatte mein Großvater schon Teppiche entworfen.

Ich war die Nachzüglerin in meiner Familie. Meine drei Schwestern waren neunzehn, achtzehn und fünfzehn Jahre älter als ich. Als ich geboren wurde, waren die Zeiten bereits schwierig, auch durch die Inflation. Meine Eltern führten eine Konditorei. Es war ein Café mit Billard und einem Musikschrank mit einer Walze. Das war damals ziemlich modern. Meine ältesten Schwestern spielten alle ein Instrument. Sie wurden oft von den Eltern beauftragt, im Café Musik zu machen und vierhändig Klavier zu spielen.

Als ich sechs Jahre alt war, zogen wir von Oelsnitz weg, da wir das Café aufgeben mussten. Mein Vater begleitete uns nicht, er arbeitete in der Kriegsindustrie an einem weiter entfernten Ort. Das war in der Vorkriegszeit. Auch den ganzen Krieg über war mein Vater nicht bei uns. Meine älteren Schwestern waren ebenfalls ausgezogen. Meine Mutter und ich lebten zu der Zeit in ihrer alten ostthüringischen Heimat, ganz in der Nähe von Altenburg. Altenburg ist vielen ein Begriff wegen des Skatspiels, das dort erfunden und hergestellt wurde.

Meine Schulzeit fiel in die Kriegszeit. Es war eine unruhige Zeit in der Schule, da viele Lehrer eingezogen worden waren. Wir wurden überwiegend von älteren Lehrern oder alten »Frolleins« unterrichtet. Außerdem wurden die Klassen oftmals geteilt. Eigentlich hatten wir einen Mädchen- und Jungentrakt, aber die Klassen wurden zusammengelegt oder getauscht. Das brachte den Unterrichtsbetrieb durcheinander und sorgte für Unruhe. Ich kann mich nicht erinnern, einen richtigen, schönen Klassenverband gehabt zu haben. Die alten Lehrer waren – wie man sagte – vom »alten Schlag«. Aber wir machten kleine Spielchen und schrieben Gedichte. Ich weiß noch, dass wir damals das Märchen »Schneewittchen und die sieben Zwerge« aufführten, im Rahmen der schulischen Weihnachtsfeier. Aber ich erinnere mich ebenso daran, als die Sirenen losgingen und wir nach Hause geschickt wurden – zu Fuß. Die Wege waren ziemlich lang und die amerikanischen Flieger fegten bereits über unsere Köpfe hinweg. Es war eine Angstzeit! Wenn ich zu Hause eintraf, trieb mich die Mutter an: »Komm in den Keller!« Wir saßen dann oft stundenlang in diesem unheimlich kalten, dunklen Keller, wo Kartoffeln und Kohlen gelagert waren. Ohne elektrisches Licht. Irgendwann kam die sogenannte Entwarnung von der Sirene und wir durften zurück ins Haus gehen. Diese Ängste in den Kellern, die vergisst man nicht.

Trotz des Krieges hatte ich eine abwechslungsreiche Kindheit. Ich bin praktisch auf der Straße groß geworden, denn zum Spielen gingen wir Kinder immer raus. Wie oft haben wir mit Seilen oder Bällen gespielt und Völkerball auf der Straße mit allen Kindern! Häufig saßen wir auch auf der Mauer und spielten Schule. »Stadt, Land, Fluss« war gleichermaßen beliebt. Im Familienkreis sangen wir viel. Unendlich viel. Die Familie meiner Tante wohnte mit uns in einem Mehrfamilienhaus, auf derselben Etage. Wir trafen uns fast täglich. Da hieß es oft am Nachmittag: »Heizt du heute Abend?«, und dann versammelten wir uns in der jeweiligen Wohnung und verbrachten die Nachmittags- und Abendstunden zusammen. Wir machten beispielsweise Gesellschaftsspiele – Dame und Mühle und Quartett, an

Mikado kann ich mich erinnern. Abendelang. Das war wirklich eine sehr schöne Zeit. Und wenn gar nichts mehr ging, hieß es: »Willst du Klavier spielen? Wir singen!«

Im Übrigen habe ich recht früh, von 1940 an, im Kinderchor der Kirche gesungen. Mein Klavierlehrer war der Organist und Kantor dieser Gemeinde. Als ich bei ihm Klavierunterricht nahm und dazu singen musste, sagte er: »Du hast eine gute Stimme, du kannst zu uns in die Kurrende kommen!« Eine Kurrende gibt es heute noch, das ist ein protestantischer »Laufchor«. Luther war zum Beispiel ein Kurrendesänger. Zur Lutherzeit zogen sie als Sängerknaben durch die Straßen, trugen dort ihre Lieder vor und hatten außerdem Dienst in der Kirche. Es gab ja keine schriftlichen Gesangsbücher, also fungierten die Kurrendesänger praktisch als Vorsänger. Sie waren stets mit schwarzen Umhängen und Käppchen bekleidet. Zu Luthers Zeiten durften sich ausschließlich Jungen dem Chor anschließen, später, zu meiner Zeit, waren die Chöre dann gemischt. In solch einem Chor habe ich also ab 1940 – als Achtjährige – mitgesungen.

Als der Kantor starb, kam ein bekannter Kirchenmusiker in unsere Stadt. Er übernahm alle musikalischen Dienste in der Kirche, unter anderem auch meinen Klavierunterricht. Später, 1950, wurde er zum Kirchenmusikdirektor ernannt. Im Thüringischen war er ein angesehener Kirchenmusiker und ich konnte viel bei und von ihm lernen.

Im Alter von sechzehn Jahren gab ich die Schule aus verschiedenen Gründen auf. Das war im Jahr 1948. Da sagte der Kantor zu mir: »Weißt du was? Du gehörst in die Musik!« Er nahm mich daraufhin als Haustochter auf. Ich half vormittags im Haushalt und mit den Kindern, nachmittags unterstützte ich den Kantor als Assistentin. Ich nahm selbst Unterricht, hörte zu bei seinen anderen Schülern, wenn diese Geige oder Klavier übten, und musste oftmals Noten aufschreiben. All dies lernte ich dort und ich bekam außerdem Orgelunterricht an der großen Kirchenorgel. Das ist später auch mein Beruf geworden: Ich wurde Organistin.

Frau Sch. aus Lich, aufgewachsen in Thüringen, Jahrgang 1932

Mein erster Schultag

[...] Und ich freute mich schon auf den Tag, an dem ich zur Schule kommen sollte.

Der Tag kam und ich weinte.

Die 4. Bürgerschule in der Tieckstraße, unweit der Elbe, war ein vornehm düsteres Gebäude mit einem Portal für die Mädchen und einem für die Knaben. In jener Zeit sahen alle Schulen düster aus, dunkelrot oder schwärzlich grau, steif und unheimlich. Wahrscheinlich waren sie von denselben Baumeistern gebaut worden, die auch die Kasernen gebaut hatten. Die Schulen sahen aus wie Kinderkasernen. Warum den Baumeistern keine fröhlicheren Schulen eingefallen waren, weiß ich nicht. Vielleicht sollten uns die Fassaden, Treppen und Korridore denselben Respekt einflößen wie der Rohrstock auf dem Katheder. Man wollte wohl schon die Kinder durch Furcht zu folgsamen Staatsbürgern erziehen. Durch Furcht und Angst, und das war freilich ganz verkehrt.

Mich erschreckte die Schule nicht. Ich kannte keine heiteren Schulhäuser. Sie mussten wohl so sein. Und der gemütlich dicke Lehrer Bremser, der die Mütter, Väter und Abc-Schützen willkommen hieß, erschreckte mich schon gar nicht. Ich wusste von daheim, dass auch die Lehrer lachen konnten,

Spiegeleier aßen, an die großen Ferien dachten und ihr Nachmittagsschläfchen hielten. Da war kein Grund zum Zittern.

Herr Bremser setzte uns, der Größe nach, in die Bankreihen und notierte sich die Namen. Die Eltern standen, dicht gedrängt, an den Wänden und in den Gängen, nickten ihren Söhnen ermutigend zu und bewachten die Zuckertüten. Das war ihre Hauptaufgabe. Sie hielten kleine, mittelgroße und riesige Zuckertüten in den Händen, verglichen die Tütengrößen und waren, je nachdem, neidisch oder stolz. Meine Zuckertüte hättet ihr sehen müssen! Sie war bunt wie hundert Ansichtskarten, schwer wie ein Kohleneimer und reichte mir bis zur Nasenspitze! Ich saß vergnügt auf meinem Platz, zwinkerte meiner Mutter zu und kam mir vor wie ein Zuckertütenfürst. Ein paar Jungen weinten herzzerbrechend und rannten zu ihren aufgeregten Mamas.

Doch das ging bald vorüber. Herr Bremser verabschiedete uns; und die Eltern, die Kinder und die Zuckertüten stiefelten gesprächig nach Hause. Ich trug meine Tüte wie eine Fahnenstange vor mir her. Manchmal setzte ich sie ächzend aufs Pflaster. Manchmal griff meine Mutter zu. Wir schwitzten wie die Möbelträger. Auch eine süße Last bleibt eine Last.

So wanderten wir mit vereinten Kräften durch die Glacisstraße, die Bautzener Straße, über den

Albertplatz und in die Königsbrücker Straße hinein. Von der Luisenstraße an ließ ich die Tüte nicht mehr aus den Händen. Es war ein Triumphzug. Die Passanten und Nachbarn staunten. Die Kinder blieben stehen und liefen hinter uns her. Sie umschwärmten uns wie die Bienen, die Honig wittern. »Und nun zu Fräulein Haubold!«, sagte ich hinter meiner Tüte.

Fräulein Haubold führte die in unserm Hause befindliche Filiale der stadtbekannten Färberei Märksch und ich verbrachte manche Stunde in dem stillen, sauberen Laden. Es roch nach frischer Wäsche, nach chemisch gereinigten Glacéhandschuhen und nach gestärkten Blusen. Fräulein Haubold war ein älteres Fräulein und wir mochten einander sehr gern. Sie sollte mich bewundern. Ihr wie keinem sonst gebührte der herrliche Anblick. Das war selbstverständlich.

Meine Mutter öffnete die Tür. Ich stieg, die Zuckertüte mit der seidnen Schleife vorm Gesicht, die Ladenstufe hinauf, stolperte, da ich vor lauter Schleife und Tüte nichts sehen konnte, und dabei brach die Tütenspitze ab! Ich erstarrte zur Salzsäule. Zu einer Salzsäule, die eine Zuckertüte umklammert. Es rieselte und purzelte und raschelte über meine Schnürstiefel. Ich hob die Tüte so hoch, wie ich irgend konnte. Das war nicht schwer, denn sie wurde immer leichter. Schließlich hielt

ich nur noch einen bunten Kegelstumpf aus Pappe in den Händen, ließ ihn sinken und blickte zu Boden. Ich stand bis an die Knöchel in Bonbons, Pralinen, Datteln, Osterhasen, Feigen, Apfelsinen, Törtchen, Waffeln und goldenen Maikäfern. Die Kinder kreischten. Meine Mutter hielt die Hände vors Gesicht. Fräulein Haubold hielt sich an der Ladentafel fest. Welch ein Überfluss! Und ich stand mittendrin.

Auch über Schokolade kann man weinen. Auch wenn sie einem selber gehört.

Wir stopften das süße Strandgut und Fallobst in den schönen, neuen, braunen Schulranzen und wankten durch den Laden und die Hintertür ins Treppenhaus und, treppauf, in die Wohnung. Tränen verdunkelten den Kinderhimmel. Die Fracht der Zuckertüte klebte im Schulranzen. Aus zwei Geschenken war eines geworden. Die Zuckertüte hatte meine Mutter gekauft und gefüllt. Den Ranzen hatte mein Vater gemacht. Als er abends heimkam, wusch er ihn sauber. Dann nahm er sein blitzscharfes Sattlermesser zur Hand und schnitt für mich ein Täschchen zu. Aus dem gleichen unverwüstlichen Leder, woraus der Ranzen gemacht worden war. Ein Täschchen mit einem langen verstellbaren Riemen. Zum Umhängen. Fürs Frühstück. Für die Schule.

Erich Kästner

Eine gute Lehrerin

Aufgewachsen bin ich in Grünberg, einem Städtchen in Mittelhessen. Dort ging ich auch zur Volksschule, bis ich zehn Jahre alt war. Anschließend besuchte ich das Gymnasium. Wir hatten nach dem Krieg eine Lehrerin, die zwar weder völlig gesund noch fertig ausgebildet war, aber da zu dieser Zeit viele Lehrer entnazifiziert werden mussten, wurde sie in unserer Schule eingesetzt und übernahm unsere Klasse. Und sie war eine sehr, sehr gute Lehrerin! Sie hatte eine wunderbare und liebevolle Art, mit Kindern umzugehen.

Als ich später selbst als Lehrer arbeitete, traf ich sie wieder und sie gab mir folgenden Rat: »Es ist wichtig, am Morgen erst einmal jedem einzelnen Kind in die Augen zu blicken. Das Kind muss wissen, dass es wahrgenommen wird, dass es dazugehört.« Die Klassen waren ja damals groß! Daher war es eine echte Herausforderung, allen Schülerinnen und Schülern gerecht zu werden. In meiner ersten Klasse als Lehrer hatte ich sechsundvierzig Schüler, im nächsten Jahr siebenundvierzig. Zu meiner Zeit als Kind waren die Klassen wahrscheinlich noch größer.

Einmal gab mir diese Lehrerin eine Ohrfeige. Aber das war verständlich. Die Begebenheit spielte sich folgendermaßen ab: Unsere Klasse hatte Wandertag. Auf dem Rückweg unserer Wanderung erblickte ich diese schönen, verlockenden Erdbeeren auf dem Waldboden, von denen ich unbedingt naschen musste. Während die Klasse also fröhlich weiterlief, fehlte auf einmal ein Schüler – ich war im wahrsten Sinne des Wortes auf der Strecke geblieben. Unsere Lehrerin bekam natürlich einen riesigen Schrecken. Bei dieser Gelegenheit rutschte ihr die Hand aus und sie verpasste mir eine Ohrfeige. Ich konnte sie sogar verstehen. Es musste nicht einfach für sie gewesen sein, die Verantwortung für so eine große Kinderschar zu tragen.

Herr W. aus Lich, aufgewachsen in Grünberg, Jahrgang 1936

Als Mädchen in der Schule

1949 wurde ich umgeschult. So nannte man früher den Schulwechsel von der Volksschule zur weiterführenden Schule. Damals musste man noch Aufnahmeprüfungen machen und die Schulen waren strikt getrennt nach Mädchen- und Knabenschulen. Es gab eine Knaben-Mittelschule und eine Mädchen-Mittelschule, weiterhin gab es das Lyzeum für die Mädchen und das Gymnasium für die Jungen.

In Barmen befand sich das »Mädchenlyzeum Sternstraße« – das war *die* Schule hier in der Umgebung. Dort wäre ich auch unheimlich gern hingegangen, aber bei uns in der Familie war es nicht üblich, dass Mädchen das Lyzeum besuchten. Wir Mädchen wurden ganz selbstverständlich auf die Mittelschule geschickt. Egal, wie klug oder ehrgeizig wir waren.

Ich hatte einen gleichaltrigen Vetter, der mit mir zusammen in die gleiche Volksschulklasse ging. Er machte dann die Aufnahmeprüfung für das Gymnasium, obwohl er längst nicht so gut in der Schule war wie ich. Er durfte also das Gymnasium besuchen, ich – als Mädchen – nur die Mittelschule. Nach nur einem halben Jahr kam dieser Vetter wie-

der zurück. Das Gymnasium war eine Nummer zu hoch für ihn gewesen. Obwohl er ein Junge war …
Frau F. aus Wuppertal, Jahrgang 1938

Leidenschaft für Spielzeugautos

Ich hatte als Kind ziemlich viel Zeit und Gelegenheit zum Spielen. In der Wohnung, die wir zuerst bewohnten, war wenig Platz und deshalb spielte ich oft – und unheimlich gern! – mit kleinen Spielzeugautos. Wenn ich heute meine Enkelkinder sehe, wie sie mit Autos spielen, dann erkenne ich mich darin genau wieder. Ich weiß noch, dass in der damaligen Zeit die Siku-Autos gerade aufkamen. Ich war stolzer Besitzer eines *Opel Blitz* – ein Modellauto mit Ladefläche, Plane und Anhänger, das damals noch völlig aus Kunststoff bestand. Dieses Spielzeugauto liebte ich heiß und innig, ich betrachtete es als einen ganz großen, ganz wertvollen Schatz.

Einmal baute mir mein Vater aus dem Uhrwerk einer alten Standuhr ein aufziehbares Auto, das groß genug war, dass ich mich daraufsetzen konnte. Es war aus Sperrholz gebaut und mit gummibereiften Rädern versehen. Man konnte außerdem einen kleinen Anhänger daranhängen. Damit düste ich ständig durch unsere Wohnung. Mit diesem Auto spielte ich sehr lange und es gehört – neben den Siku-Autos – zu meinen ersten Kindheitserinnerungen an ein besonderes Spielzeug.

Als ich älter war, etwa zwölf oder dreizehn Jahre alt, bastelte ich mit einer Kusine zusammen ein

Monopoly-Spiel. Wir beide mochten Monopoly sehr gern, besaßen jedoch kein eigenes Exemplar. Also liehen wir uns von einer Freundin eines aus, notierten uns, was alles dazugehörte, und gestalteten das Spiel aus Pappe und kleinen Holzstückchen anschließend selbst. Dafür brauchten wir recht lange – ungefähr zwei Wochen. Mit kaum einem anderen Brettspiel spielten wir daraufhin so viel wie mit diesem Monopoly. Die Phase des Bastelns war bereits interessant gewesen, das anschließende Spielen bereitete uns eine umso größere Freude.

Herr V. aus Marienheide, aufgewachsen in
Wuppertal, Jahrgang 1945

Ein Herzenswunsch

Im Jahr 1953 zogen wir aus dem eher städtischen Teil von Wuppertal um in einen anderen Stadtteil, der sehr ländlich war. Dort hatte mein Vater ein großes Grundstück gekauft, auf das wir unser neues Haus bauten. Die große Grundstücksfläche nutzten wir außerdem zur Hühnerzucht und Hühnerhaltung.

Für den Eierverkauf war ich zuständig. Mehrmals in der Woche fuhr ich mit der Straßenbahn in unsere alte Wohngegend, bepackt mit zwei Taschen voller Eier, die ich an unsere ehemaligen Nachbarn verkaufte. Pro Ei bekam ich eine Beteiligung von einem Pfennig. Wir hatten ungefähr siebzig oder achtzig Legehennen. Die gaben zwar nicht jeden Tag ein Ei, aber wir hatten doch etwa zwei- bis dreihundert Eier, die wir in jeder Woche verkaufen konnten. Und ich verdiente mir somit ein wöchentliches Taschengeld von zwei bis drei D-Mark, was eine große Summe damals für mich war.

Dieses Geld sparte ich zwei Jahre lang und erfüllte mir schließlich einen Herzenswunsch: Ich kaufte mir meinen ersten Fotoapparat – eine Idixa! Das ist eine Spiegelreflexkamera, die damals modern war. Fotografieren war schon immer meine Leidenschaft gewesen und ich hatte mir in der Schule regelmäßig eine Kamera der Foto-AG, an der ich teilnahm, ausgeliehen. Doch nun hatte ich meine erste *eigene* Kamera! Ich besitze sie heute noch, sie stellt einen hohen Erinnerungswert für mich dar und – sie funktioniert sogar noch. Allerdings benutze ich sie nicht mehr.

Herr V. aus Marienheide, aufgewachsen in Wuppertal, Jahrgang 1945

Mein zehnter Geburtstag

An meinen zehnten Geburtstag kann ich mich gut erinnern. In der Schule wurde mir gratuliert und ich durfte mir ein Lied wünschen. Von meinen Schulkameradinnen bekam ich zahlreiche Kleinigkeiten geschenkt: einen Block oder eine Zahnpasta – kleine Sachen, die eigentlich Alltagsgegenstände waren. Aber diese kleinen Dinge bereiteten mir eine unheimlich große Freude. Als ich an diesem Tag von der Schule heimkam, räumte ich sofort das Porzellan meiner Mutter vom Schrank und baute alle meine Sachen fein säuberlich dort auf.

Das war 1944, mitten im Krieg. Die Eltern konnten mir natürlich nichts Großes schenken, denn sie hatten ja nichts. Der Vater war im Krieg in Russland, die Mutter hatte kein Geld. Ein Kleid oder eine Schürze gab es schon, das weiß ich nicht mehr so genau. Aber das war auch Nebensache.

Mein Geburtstag wurde am Nachmittag gefeiert, jedoch nicht groß. Die Kusinen wurden eingeladen, die Patin ist zum Gratulieren gekommen. Allerdings konnte nichts Besonderes angeboten werden. Was sollte man denn anbieten? Damals ist aus Kaffeesatz Kuchen gebacken worden. Trotzdem bleibt die schöne Erinnerung an diesen Geburtstag

und an die kleinen Geschenke meiner Freundinnen.

Frau T. aus Lich, aufgewachsen in Oberfranken,
Jahrgang 1934

Lauter Lügen

Manche Menschen erleben etwas *in* den Ferien. Ich habe in meinen Kindertagen einmal etwas Schlimmes *nach* den Ferien erlebt.

In der Welkenbergstraße in Duisburg-Beeck bin ich aufgewachsen. Beeck ist ein grauer Vorort. Viel Bemerkenswertes ist von diesem Stadtteil nicht zu erzählen, außer vielleicht, dass dort das König-Bier gebraut wird und es stets in den Straßen nach Hopfen riecht.

In der Welkenbergstraße wohnten damals wohl an die vierzig Kinder. Nicht etwa, weil es eine lange Straße mit hohen Häusern gewesen wäre. Nein, es war damals so, dass die meisten Familien viele Kinder hatten.

Kein Kind aus der Welkenbergstraße fuhr je in Ferien. Dazu fehlte das Reisegeld. Aber eines Tages musste meine Mutter ins Krankenhaus. Ich, neun Jahre alt, sollte bei meiner Tante Mimi im Sauerland untergebracht werden.

Meine Tante war eine kleine, rundliche und sehr liebe Frau. Trotzdem hatte ich Heimweh. Ich war froh, als ich kurz vor Schluss der großen Ferien wieder nach Hause durfte. Ich fuhr mit dem Zug. Allein. In Dortmund musste ich umsteigen. Damit ich dort den richtigen Bahnsteig fand, trug ich an einem Band um den Hals gehängt eine Pappkarte. Darauf standen mein Name, meine Anschrift und die Zugverbindung.

Alles ging gut, und ich gelangte glücklich wieder nach Hause. Bereits kurz nach meiner Heimkehr scharten sich viele Kinder der Welkenbergstraße um mich. Wir hockten im Schatten einer Toreinfahrt. Ich sollte erzählen, was ich erlebt hatte. Für die Kinder in Beeck war das Sauerland damals so etwas wie für die Kinder heute ein Ort mitten in Afrika. Nun, ich hatte ein Reh gesehen, war auf einem Pferd gesessen, hatte beim Kartoffelauflesen geholfen, Pilze gesucht, in einer Scheune im Heu gelegen, aus einem Nussstecken einen Bogen gemacht und Pfeile dazu geschnitten. Kurzum, es gab so viel zu berichten, dass mir zwei Tage lang der Stoff nicht ausging.

Aber die Kinder wollten mehr, immer mehr hören.

Da begann ich, von Mittwoch an Geschichten zu erfinden.

Dass ich mit bloßer Hand Forellen gefangen hätte. Dass ich mich im Walde verirrt hätte und eine Nacht im Freien verbringen musste. Angst, nee, Angst hätte ich kein bisschen gehabt. Dass einmal ein Wolf umhergestrichen sei. Mein Onkel sei bei der Jagd dabei gewesen und habe das wilde Tier erlegt. Und der Name Sauerland käme daher, weil die Leute dort beinahe jeden Tag besonders saures Sauerkraut äßen. Bei dieser Geschichte schaute Ruth Fangenassen ziemlich ungläubig. Ich bemerkte das und schilderte ganz genau, wie meine Tante jeden Morgen in den Keller gestiegen sei, den schweren Stein vom Sauerkrautfass genommen und so viel Kraut aus dem Fass geholt habe, wie sie mit beiden Händen hätte greifen können.

Zum Glück hat niemand gefragt, wie sie den Stein denn mit dem Sauerkraut in den Händen wieder auf das Fass hatte legen können.

Am Freitag jedenfalls war ich schon bei Zwergen, Riesen und Geistern angelangt. Am Nachmittag musste ich zu Kaplan Lange in den Firmunterricht.

Achtes Gebot: Du sollst nicht die Unwahrheit sagen.

Sicher, ich hatte es auch schon vorher gewusst. Und am folgenden Tag sollte die Beichte sein. Eintausendvierhundertsechsundsiebzigmal gelogen! Mich schauderte es. Gab es in unserer Stadt einen größeren Sünder? Kurz vor dem Abendessen saßen wir wieder in der Toreinfahrt. Ich war sehr schweigsam.

»Fang an, Willi!«, forderte Bruno B. Ich zog die Schultern hoch.

»Wie du in der Nacht das gefährliche Brummen gehört hast«, wollte Ruth mich erinnern. Da sagte ich es.

»Bis Dienstag war alles wahr.« Ich stockte, atmete tief durch und fuhr fort: »Aber Mittwoch, Donnerstag und heute«, die Worte blieben mir im Halse stecken.

»Nun, was ist? Erzähl weiter«, rief Bruno ungeduldig.

Da bekannte ich: »Mittwoch, Donnerstag und heute war alles erfunden.«

»Erfunden?«, flüsterte Ruth. Entsetzen und Enttäuschung zeigten sich in den Kindergesichtern.

»Erstunken und erlogen!«, schrie Bruno.

»Nicht alles, es war nicht alles …«, brachte ich noch hervor.

Dann fielen sie über mich her und prügelten mich, wie ich in meiner ganzen Kinderzeit nicht verprügelt worden war. Das einzige blaue Auge, das mir je geschlagen wurde, an diesem Tag erhielt ich es.

Schließlich ließen sie von mir ab. Ich lag allein in der Toreinfahrt auf dem Boden. Ich rappelte mich auf.

Meine Oma kühlte mir mit der kalten Klinge des großen Brotmessers die Beulen. »Nie, nie wieder erfinde ich Geschichten«, habe ich unter Schluchzen und Weinen gesagt.

Aber Ruth Fangenassen kam zwei Tage später zu mir und sagte: »Du, deine Geschichten waren sehr, sehr schön.«

Ich schaute sie ungläubig an.

»Besonders die am Mittwoch, Donnerstag und Freitag.«

Erst dachte ich, Ruth kennt vielleicht das achte Gebot nicht. Schließlich war Ruth evangelisch. Ich fragte meine Oma. Die sagte: »Du bist ein Dummkopf, Willi. Die Zehn Gebote gelten für alle Christen. Die Ruth kennt sie vielleicht besser als du.«

Sie schwieg eine Weile und fügte dann hinzu: »Aber Kennen nützt nicht viel. Halten musst du sie, hörst du?«

»Ganz bestimmt, Oma«, versprach ich und strich mit der Hand über meine blauen Flecken.

Damals wäre ich alles andere lieber geworden als ein Geschichtenerfinder.

Willi Fährmann

Leseabenteuer

Ja, das grenzenloseste aller Abenteuer der Kindheit, das war das Leseabenteuer. Für mich begann es, als ich zum ersten Mal ein eigenes Buch bekam und mich da hineinschnupperte. In diesem Augenblick erwachte mein Lesehunger, und ein besseres Geschenk hat das Leben mir nicht beschert.

Astrid Lindgren in »Das entschwundene Land«

Noch ein neues Buch?

Ich habe als Kind sehr gern gelesen. Heidi von Johanna Spyri zum Beispiel oder die Sagen des klassischen Altertums und vieles andere mehr. Einmal war ich sehr, sehr krank. Es bestand sogar der Verdacht auf Kinderlähmung, der sich zum Glück letztendlich nicht bestätigte. Ich musste den ganzen Tag zu Hause auf der Couch liegen und mit der Zeit wurde mir ziemlich langweilig. In Wichlinghausen hatten wir eine kleine Buchhandlung. Dorthin ging meine Mutter und kaufte mir ein Buch. In ein oder zwei Tagen hatte ich meine Lektüre bereits ausgelesen und verlangte nach weiterem Lesestoff. Meine Mutter meinte nur: »*Noch* ein neues Buch?« Aber unmittelbar danach sagte sie: »Weißt du was, ich versuche jetzt mal etwas!« Dann ging sie erneut zur Buchhandlung – und tauschte mein gelesenes Buch in ein neues um. Und so kam ich schließlich doch noch zu meinem neuen Buch.

Da ich eine richtige Leseratte war, schenkten mir meine Eltern zum Geburtstag und zu Weihnachten regelmäßig Bücher. Oft war es mein Vater, der diese Bucheinkäufe erledigte. Das machte ihm immer einen großen Spaß. Einmal fuhr er kurz vor meinem Geburtstag mit der Straßenbahn in die Stadt, um ein Buch für mich zu kaufen. Er entschied sich für

»Die Memoiren eines mittelmäßigen Schülers« von Alexander Spoerl – eine ganz lustige Geschichte. Nach seinem Einkauf setzte sich mein Vater in Barmen in die Straßenbahn, um zurück nach Wichlinghausen zu fahren. Er fing an, in dem Buch zu lesen. Er las und las. Und las. Erst an der Endhaltestelle kam er wieder zu sich und merkte, dass er seine Zielhaltestelle längst verpasst hatte – so vertieft war er in seine Lektüre gewesen.

Frau F. aus Wuppertal, Jahrgang 1938

Mein erster Blick galt immer den Büchern

In meiner Freizeit las ich sehr gern, aber wir spielten auch auf der Straße Handball, Schlachtball oder Völkerball. In der Nachbarschaft wohnten einige gleichaltrige Kinder. Wir trafen uns oft – das war eine richtig große Kinderschar. Ich persönlich widmete mich allerdings lieber dem Lesen.

Mein Vater hatte durch seine Kollegen im Büro viele Kontakte. Eines Sonntags statteten wir seiner Kollegin Elsbeth einen Besuch ab – man machte ja früher oft Sonntagsbesuche. In ihrer Wohnung entdeckte ich einen Bücherschrank! »Darf ich mir ein paar Bücher ausleihen?«, fragte ich. »Ja klar«, sagte Elsbeth, »nimm dir ruhig mit, was du möchtest.« Als ich die Bücher ausgelesen hatte, brachte Vater sie wieder zurück. Und mittags, wenn er in der Pause mit dem Fahrrad nach Hause kam, guckte ich sofort, ob er ein neues Päckchen auf dem Gepäckträger hatte. Das war immer mein erster Blick. Denn dann hatte Elsbeth ihm wieder Bücher für mich mitgegeben. Und ich war glücklich.

Vater hatte einen weiteren Freund, der an Literatur interessiert war und einen großen Bücherschrank besaß. Diesen Freund durfte ich auch einmal besuchen. Mein Vater hatte nämlich gesagt: »Ich glaube, der hat eine riesige Bücherauswahl.

Willst du nicht mal mitkommen?« – »Oh«, hatte ich sofort geantwortet, »unbedingt!« Und so konnte ich mir noch mehr Bücher ausleihen. Auch wenn wir bei anderen Freunden oder Bekannten eingeladen waren, ließ ich stets als Erstes einen fragenden Blick durch die Wohnung wandern: Gibt es hier irgendwo Bücher?

In Enger, wo ich zur Schule ging, gab es an der Hauptstraße zwei Buchhandlungen. In einer kaufte ich mir das Buch »In achtzig Tagen um die Welt« von Jules Verne, als ich ein bisschen Geld hatte. Aber dort gab es nicht so viele Titel, die mich interessierten. Bücher zu kaufen war außerdem eine teure Sache. Nach 1948 wurde das ein bisschen besser, da waren die Schaufenster und Regale wieder voll mit Artikeln, unter anderem mit Büchern.

Frau E. aus Enger, Jahrgang 1934

Die Bedeutung von Büchern

Ich war als Kind eine richtige Leseratte. Bücher bedeuteten in erster Linie Horizonterweiterung für mich. Mich interessierte alles, was irgendwie abenteuerlich war und das Wissen erweiterte. Ich hatte zum Beispiel ein Buch mit dem Titel »Das große Buch der Erfinder«. Diese Erfindergeschichten waren abenteuerlich erzählt und kindgerecht aufbereitet. Oder Abenteuergeschichten wie der Wettlauf von Amundsen und Scott zum Südpol – solche Geschichten fand ich toll. Ebenso Tiergeschichten, wie die von Ajax, dem Helden vom Dachstein, einem Schäferhund, der Lawinenopfer ausgrub.

Meine Eltern hatten zwar nicht viel Geld, aber für sie war das Lesen sehr wichtig, besonders für meine Mutter. Deshalb förderten sie dies auch mit den wenigen Mitteln, die zur Verfügung standen. Einmal im Monat fuhr meine Mutter in die Stadt, um einen Großeinkauf zu tätigen und um Dinge wie Kleidung oder Schuhe zu besorgen. Jedes Mal brachte sie mir ein Buch aus der Stadt mit – eins dieser Taschenbücher, die anfangs 95 Pfennig, später dann 1,20 D-Mark kosteten. Das waren Jugendbücher, die auf relativ günstigem Papier gedruckt und mit Pappdeckelumschlägen gebunden waren. Ich sehe es noch vor mir, wie die Mutter ihre gro-

ßen Taschen auspackte, sobald sie nach Hause kam. Und wenn das Buch, das sie mir mitgebracht hatte, schließlich auf den Tisch kam, fing ich umgehend an, es zu lesen – noch in der Küche. Ich setzte mich neben den Küchenschrank auf den Stuhl, versenkte mich in die Welt der Literatur und tauchte erst wieder daraus auf, als ich mit nachdrücklichem Rufen aufgefordert wurde, zum Abendessen an den Tisch zu kommen. Für ein Buch brauchte ich oft nur einen Tag, dann hatte ich es ausgelesen. Nach zwei Wochen las ich es meist erneut.

Die Bücher waren Mitbringsel meiner Mutter, über die ich mich riesig freute und an die ich heute noch gern denke. Als Erinnerung habe ich mir einige davon aufbewahrt. Insgesamt waren es über fünfzig Titel, die ich während meiner Kindheit und Jugend gesammelt habe.

Herr V. aus Marienheide, aufgewachsen in Wuppertal, Jahrgang 1945

Humor eines Pfarrers

Ich bin früher fleißig zum Kindergottesdienst gegangen und war immer in Jugendscharen aktiv.
Da ich evangelisch bin, nahm ich selbstverständlich
später am Konfirmationsunterricht teil und fuhr
mit den anderen jungen Leuten auf die Konfirman-
denfreizeit. Zu unserem Pfarrer hatten wir stets ein
gutes Verhältnis. Einmal machten wir einen Aus-
flug nach Erlangen und besuchten das Institut für
Anatomie. Dort schauten wir uns natürlich auch
ein Skelett an. Ich weiß noch, wie ich zum Pfarrer
sagte: »Also, diese Ähnlichkeit von den Affen mit
uns, die ist doch verblüffend!« Ich wollte weiter mit
ihm über dieses Thema diskutieren, er antwortete
aber nur mit einem Augenzwinkern: »Ja, das steht
fest: *Manche* Menschen stammen vom Affen ab.«

Frau T. aus Lich, aufgewachsen in Oberfranken,
Jahrgang 1934

Eine Kindheit und Jugend auf dem Dorf

1930 wurde ich in Lauter, einem kleinen hessischen Dorf, geboren und kam 1936 in die Schule. Zu diesem Zeitpunkt war ich erst fünf Jahre alt. Aber ich war ein kräftiges Kind und als ich beim Schuleignungstest gewogen und gemessen wurde, sagte der Lehrer: »Ei, die ist kräftig genug, die kann in die Schul' gehen!« Damals begann jedes neue Schuljahr im April. Im Juni wurde ich dann sechs.

In unserer Schulklasse waren wir nur zu zwölft – sechs Buben und sechs Mädchen. Dafür waren alle Klassen von eins bis acht in einem Schulsaal und wurden alle von einem einzigen Lehrer unterrichtet. Morgens kümmerte sich der Lehrer zuerst um die Großen, anschließend waren die Erstklässler an der Reihe. Dann bekamen die älteren Schüler eine Arbeit auf, sie mussten etwas lesen, schreiben oder rechnen. In dieser Zeit beschäftigte sich unser Lehrer mit den Kleinen. Manchmal bekamen die Achtklässler auch den Auftrag, uns Jüngere zu betreuen. Sie gingen durch die Klasse, wenn wir an unserer Stillarbeit saßen, und schauten, ob wir alles richtig machten. Es war so üblich, dass die älteren Schüler den jüngeren geholfen haben.

Wenn ich mittags aus der Schule kam, ging ich nach dem Mittagessen oft zur Nachbarin, um ihr beispielsweise bei der Kartoffellese zu helfen. Dafür bekam ich einen kleinen Lohn. Das Geld sparte ich für den Jahrmarkt auf, um Karussell fahren zu können.

Nachmittags, während die Mutter im Stall war und die Kühe fütterte und molk, hatten wir Kinder Zeit für uns. Wenn es das Wetter erlaubte, spielten wir draußen mit Murmeln. Wir spielten im Dorf auf der Straße – damals waren die Straßen noch nicht geteert. Ballspiele haben wir auch gemacht. Wir hielten uns aber immer in der Nähe unseres Hauses auf, sodass die Mutter uns sehen konnte. »Ihr geht net weit fort, dass ihr kommt, wenn ich rufe«, ermahnte sie uns. Nach der Spielzeit hatten wir die Aufgabe, Holz ins Haus zu holen oder Briketts reinzutragen. Es gab ja keine Heizung früher. Das war die Zeit, in der die Kinder mitarbeiten mussten. Aber das war für uns völlig normal und keine Überlastung. Wenn der Opa Gras gemäht hatte für das Vieh, mussten wir es zusammenrechen und in einen hohen Korb – eine Mahne – füllen. Was waren wir so stolz, wenn wir die auf dem Rücken hatten und in die Scheune schleppten! »Wir machen sie net so schwer, dann kannst du sie auch tragen«, meinte der Opa. So sind wir erzogen worden.

Nach der Schule trat ich mein Pflichtjahr an. Das Pflichtjahr war Ende der Dreißigerjahre von den Nationalsozialisten eingeführt worden. Junge Frauen wurden verpflichtet, nach der Schule ein Jahr lang in der Land- oder Hauswirtschaft zu arbeiten. Da ich Spaß an der Landwirtschaft hatte, ging ich zu einem Bauern bei uns in der Nähe.

Während dieser Zeit hatte ich einmal einen Unfall, bei dem ich mir die Beine mit kochendem Wasser verbrannte. Im Esszimmer des Bauernhauses stand ein Kachelofen aus Gusseisen. Abends wickelten wir ein Brikett in Papier ein, so brauchte man am nächsten Morgen die Kohle nur ein bisschen aufzuschütteln und Holz daraufzulegen – schon brannte das Feuer. Anschließend kochten wir auf dem Kachelofen das Kaffeewasser. Eines Morgens trug ich den Topf mit dem kochenden Kaffeewasser vom Kachelofen in die Küche und stellte ihn dort ab. Zum Schutz vor der Hitze hatte ich den Topf in meine Schürze gewickelt. Als ich ihn in der Küche abstellte und zurücktrat, merkte ich nicht, dass sich meine Schürze noch darunterbefand, und beförderte den Topf mitsamt dem kochenden Wasser auf meine Beine. Ich zog mir an beiden Beinen schwere Verbrennungen zu. Meine Chefin rannte sofort an den Küchenschrank, tauchte ihre Hände in den Schmalzdippe und rieb mir die Brandwunden mit Schmalz ein. Später hieß es, man hätte kein Fett nehmen dürfen. Aber das war egal. Früher machte man das so. Und ich lebe ja noch! Die Bäu-

erin steckte mich dann umgehend ins Bett. Zu der Zeit wohnten zwei Mädchen im Bauernhaus, die aus Frankfurt evakuiert worden waren. Die beiden schliefen in einem Bett. Es war gerade sieben Uhr in der Früh und die Mädchen lagen noch in den Federn. »Raus, raus!«, rief meine Chefin, »ich habe hier eine Patientin!« Dann musste ich in das warme Bett der Kinder steigen. Damals war ich gerade vierzehn Jahre alt. Und ich habe diesen Vorfall – meinen *Un*fall – bis heute nicht vergessen.

Auf dem Bauernhof, auf dem ich mein Pflichtjahr absolvierte, gab es zwei Pferde. Eins der beiden mussten wir abgeben für den Krieg. Als Ersatz bekamen wir zwei Ochsen: den Fritz und den Franz. Mit den Ochsen bestellte ich die Felder oder lenkte den Fuhrwagen, vor den sie gespannt wurden. Ich musste sie auch füttern. Einer der beiden – Fritz – war mir nicht geheuer. Ich hatte Angst vor ihm, weil er sehr groß und ein wenig hinterlistig war. Der andere – Franz – war kleiner, das war ein ganz Lieber. Das Pferd durfte ich führen, während der Chef den Pflug bediente. Früher wurde solch eine Arbeit ja noch mit der Hand gemacht.

Ach, das war eine schöne Zeit! Das Pflichtjahr war zwar eine Pflicht – wie der Name schon ausdrückt –, aber es war genauso ein Genuss für mich, auf dem Bauernhof zu arbeiten. Meine Chefin war eine sehr liebe Frau, sie sagte nie ein böses Wort, fluchte niemals. Wenn wir zusammen hinausgingen ins Feld und Dickwurz hackten, dann sangen wir oft gemeinsam alte Volkslieder. Als Lohn für meine Tätigkeit standen mir acht Reichsmark im Monat zu – doch zehn habe ich von den netten Bauern bekommen. Obwohl das nicht viel war, empfand ich diese »Lohnerhöhung« als Wertschätzung meiner Arbeit gegenüber.

Frau O. aus Lich, aufgewachsen in Lauter, Jahrgang 1930

Das Heimweh trieb mich nach Hause

Die jungen Mädchen mussten damals zu Hitlers Zeiten ein sogenanntes Pflichtjahr absolvieren, sobald sie die Schule beendet hatten. Man arbeitete entweder auf einem Bauernhof oder in einem kinderreichen Haushalt. Als ich mit der Schule fertig war – ich war knapp fünfzehn Jahre alt –, arbeitete ich bei einem Bauern in Deitenbach an der Aggertalsperre. Auf dem Bauernhof gab es zehn Kühe für die Milchwirtschaft und einen Ochsen, mit dessen Hilfe wir die Felder pflügten. Am Wochenende durfte ich nach Hause, innerhalb der Woche musste ich auf dem Hof wohnen.

Eigentlich wollte ich gar nicht dort bleiben, denn ich hatte solches Heimweh nach meiner Mutter. Samstags konnte ich mich dann auf den Heimweg machen. Einen Großteil der Strecke fuhr ich mit dem Bus. Aber der Bauer war ziemlich gemein, er ließ mich manchmal erst so spät gehen, dass der Bus bereits losgefahren war – ohne mich. Dann blieb mir nichts anderes übrig, als zu Fuß nach Hause zu laufen. Im Winter war es besonders schlimm, wenn ich den Bus verpasste. Dann musste ich den weiten Weg von zwanzig Kilometern durch den eisigen Schnee laufen. Damals wurde der Schnee noch nicht weggeräumt. Auch Straßenlampen gab es noch nicht. Was hatte ich eine Angst! Doch das Heimweh trieb mich nach Hause. Ich hätte das Wochenende auch auf dem Bauernhof verbringen dürfen. Aber selbst wenn ich auf allen vieren hätte gehen müssen – ich wollte zu meiner Mutter!

Frau B. aus Gummersbach, Jahrgang 1926

Lehre statt Schule

In den Fünfzigerjahren machte ich eine Schneiderinnenlehre und absolvierte auf diesem Gebiet die Meisterprüfung. Obwohl ich meine Ausbildung als fürchterliche Zeit empfand, bestand ich alle Prüfungen mühelos, die Meisterprüfung sogar mit Auszeichnung. Später arbeitete ich jedoch nicht mehr im Handwerk, sondern in der Kleiderindustrie. Dort hatte ich die Rolle einer Modemacherin inne, mit meiner Chefin zusammen.

So richtig war mein Beruf nie mein Ding gewesen, man wurde da so ein bisschen reingeschubst in den Fünfzigern. Damals gab es einfach nicht genügend Ausbildungsplätze. Außerdem hätte ich gern die Schule weiterbesucht, das war mir aber nicht möglich. Mein Vater war mit vierzig Jahren schon blind – es war eine plötzliche Erblindung – und so mussten meine Schwester und ich die Schule verlassen, weil die Eltern das Schulgeld mit Vaters kleiner Rente nicht mehr aufbringen konnten. Mein Vater war kaufmännischer Angestellter gewesen und hatte die Leitung der Buchhaltung in seiner Firma übernommen. Als er dann plötzlich nicht mehr sehen konnte, wurde er einfach entlassen und bekam nur eine Rente von 70 Mark. Und so konnte für die Kinder natürlich kein Schulgeld bezahlt werden.

Die Schule kostete 20 Mark im Monat und die Bücher musste man zusätzlich selbst bezahlen.

Das war eine sehr schwierige Zeit für uns. Meine Schwester musste sofort eine Lehre beginnen – eine kaufmännische Ausbildung –, als sie von der Schule ging. Und sie weinte, Tag und Nacht, aber es gab keine andere Möglichkeit. Sie hat ihren Weg jedoch hinterher noch gefunden, hat später das Abitur nachgeholt und studiert. Ich versuchte damals, in meinem Handwerk weiterzukommen – und das habe ich auch geschafft. Ich verdiente dann mein Geld in der Modellabteilung, bis ich mit dreißig Jahren heiratete. Danach habe ich nur noch sporadisch gearbeitet, wenn die Kollektionen fertig sein mussten.

Frau E. aus Enger, Jahrgang 1934

Spätes Verständnis

Manches, was man als Kind erlebt hat, erhält seinen Sinn erst nach vielen Jahren. Und vieles, was uns später geschieht, bliebe ohne die Erinnerung an unsre Kindheit so gut wie unverständlich. Unsere Jahre und Jahrzehnte greifen ineinander wie die Finger beim Händefalten. Alles hängt mit allem zusammen.

Erich Kästner in »Als ich ein kleiner Junge war«

Im Kreise unserer Lieben

Das Leben in der Familie

»Gehst du einst ins Leben hinaus, halte eines hoch – das Vaterhaus! Wie glänzend dir auch fällt dein Los, vergiss es nicht, es zog dich groß!«

AUS DEM POESIEALBUM EINER ZEITZEUGIN

Gäste und Geburtstage

Mein Vater war sehr musikalisch, er hatte sich das Gitarrespielen selbst beigebracht. Vor unserer Haustür standen mehrere Bänke. Bei gutem Wetter kamen die Nachbarn abends vorbei und wir sangen gemeinsam Volkslieder. Das waren bei uns die Sommerrituale: Die Nachbarn trudelten einer nach dem anderen ein, wir musizierten und sangen. Wir hatten immer viele Gäste bei uns zu Hause, Freunde, die uns besuchten. Meine Eltern hatten stets ein offenes Haus.

Meine Geburtstage wurden sehr feierlich begangen. Meine Großmutter kam und brachte einen

Strauß Nelken mit, die blühten gerade zur Zeit meines Geburtstags im Juni. Auch meine Freundinnen aus der Nachbarschaft kamen mit einem Blumenstrauß aus dem Garten. Mutter hatte zur Feier des Tages einen Kuchen gebacken. Meine Patentante aus Bielefeld wurde von ihrem Sohn auf dem Motorrad gebracht. Hinten saß sie drauf auf seiner 98er – die Tante Anna. Es war für mich sehr wichtig, dass Tante Anna kam. Und dann gab es die Buttercremetorte. Meine Freundinnen kannten so etwas von zu Hause nicht. Also genossen sie es sehr, zu meinem Geburtstag zu kommen. Anschließend holte Vater seine Gitarre und spielte. Die Geburtstage bei uns waren immer etwas Besonderes. Jeder Geburtstag wurde gewürdigt – als ein ganz besonderer Tag.

Frau E. aus Enger, Jahrgang 1934

Eine neue Wohnung

Ich wurde 1926 in Gummersbach im Wiedenhof geboren und verbrachte dort meine Kindheit. Als ich zwölf Jahre alt war, wurde meine Mutter noch einmal schwanger. Ich sollte ein Schwesterchen bekommen. Meine Großmutter, die ebenfalls in Gummersbach – am Stadtrand – lebte, bat uns zu dieser Zeit: »Könnt ihr nicht zu uns ins Haus ziehen? Das große Haus mit dem Apfelhof wird uns einfach zu viel.« Meine Mutter erwiderte sofort: »Ja, das machen wir.« Also kündigten wir unsere Wohnung im Wiedenhof. Eine Woche vor dem geplanten Umzug kam meine Großmutter zu uns und sagte: »Ihr könnt die Wohnung bei uns doch nicht haben.« Meine Tante – die jüngere Schwester meiner Mutter – hatte nämlich vor, zu heiraten und zu den Eltern ins Haus zu ziehen. Wir waren vollkommen außer uns. Wir hatten doch gekündigt! Und die Kündigung ließ sich natürlich nicht mehr rückgängig machen, so kurzfristig vor dem Umzug. Außerdem gab es bereits einen Nachmieter. Meine Eltern waren verzweifelt. Sie wussten nicht, was sie tun sollten.

Doch dann geschah ein kleines Wunder: Am folgenden Sonntag erfuhren wir im Gottesdienst, dass die Hausmeisterwohnung in einer Gummersbacher

Brüdergemeinde frei wurde und eine Familie gesucht wurde, die dort einziehen und sich um die Gemeinderäume kümmern sollte. Meine Eltern sahen diese Anfrage als »Wink von oben« an, als Gottes Führung. Also bezogen wir diese Wohnung. Wir hatten wieder eine neue Bleibe! Wir wohnten nun unter den Räumlichkeiten der Brüdergemeinde.

Während des Krieges wurde der Gemeindesaal über uns beschlagnahmt. Dort brachte man Soldaten unter, die von der Front kamen und sich an diesem Ort ausruhen sollten. Danach mussten sie wieder an die Front ziehen. Im Rahmen dieser Erholung sollten die Männer häufig singen. Ich habe noch im Ohr, wie sie »Heidemarie, wenn wir am Rhein marschieren« anstimmten und dabei gleichzeitig durch den Raum stampften. Wir hatten das Gefühl, die Decke würde gleich einstürzen!

Frau B. aus Gummersbach, Jahrgang 1926

Samstags war immer Badetag

Interessant waren die Badetage am Samstag. Wir hatten nur einen Raum, der als Küche, Wohnzimmer, Esszimmer und Bad zur Verfügung stand. Mit einer einzigen Wasserstelle. Die Toilette war auf der halben Treppe und musste mit zwei Familien benutzt werden. Das Baden wurde individuell geregelt, an jedem Samstagabend war Badetag.

Dann wurde eine Leine quer durch den Raum gespannt und ein riesengroßer Kessel voller Wasser erhitzt. Das heiße Wasser goss meine Mutter in die zinnerne Badewanne, die wir vorher vom Speicher geholt hatten. Hinter der gespannten Leine, die mit Betttüchern verhängt war, konnte sich derjenige, der mit dem Baden an der Reihe war, ausziehen und anschließend in die vorbereitete Badewanne setzen.

Als jüngstes Kind hatte ich den Vorteil, dass ich mein Bad als Erster nehmen durfte. Denn für den Zweiten wurde nicht das komplette Badewasser ausgewechselt, sondern man schöpfte einfach – wie man so schön und appetitlich sagte – den Schmand von oben ab, kippte diesen in das benachbarte Spülbecken und füllte ein wenig heißes Wasser nach. Einer nach dem anderen kam in den Genuss, in dieser Badewanne zu baden. Der andere Teil der Familie zwängte sich währenddessen in die andere Hälfte des engen Raumes oder ging nach Beendigung des Bades zu Bett.

So konnte sich ein Badeabend bei einer fünfköpfigen Familie durchaus über drei bis vier Stunden hinziehen. Daher badete man auch nur einmal in der Woche – samstags. Denn es war eine mittelgroße Aktion, wenn man für ein Bad die halbe Wohnung umbauen und die Zinkwanne extra vom Speicher holen musste.

Herr V. aus Marienheide, aufgewachsen in Wuppertal, Jahrgang 1945

Heizen kann gefährlich sein

In der Wohnstube stand unser Ofen, der mit Anthrazit-Kohlen geheizt wurde. Anthrazit-Kohle war ergiebiger und darum brauchte meine Mutter nicht so oft nachzuschieben. Diese Art von Öfen kam Ende der Vierzigerjahre auf.

Zu dieser Zeit – nach dem Krieg – gab es allerdings kaum noch Kohlen, fast kein Heizmaterial mehr. Oft warteten die Leute an den Schienen auf die Kohlentransporte, sprangen auf die Wagen und warfen Kohlestücke hinunter. Ein anderer sammelte sie dann auf. Es war schrecklich, wie verzweifelt die Menschen waren. Das Heizen war wirklich ein Problem zu dieser Zeit. Unsere Familie hatte glücklicherweise immer ein wenig Kohle und es gab zudem die Schlacke, die zum Heizen verwendet wurde, auch wenn sie nicht sehr ergiebig war. Abends versammelten wir uns eng um den Ofen herum und nachts gab es Wärmflaschen fürs Bett. Außerdem besaßen wir ein Wärmegerät aus Ton.

Eines Abends kam es mit diesem Gerät zu einem Unfall. Mutter war gerade dabei, das Tongefäß zu erwärmen, als es plötzlich explodierte. Die Tonscherben flogen ihr mit aller Wucht ins Gesicht und gruben sich in ihre Haut. Sie war völlig lädiert. Da man sich eine Narkose noch nicht leisten konnte, wurden die Splitter ohne Sedierung aus ihrem Gesicht entfernt. Was hat Mutter da geschrien! Und die Narben im Gesicht blieben bis in ihr Alter zurück.

Frau E. aus Enger, Jahrgang 1934

Bei uns zu Haus

Bei uns im Haus gab es Anfang der Vierzigerjahre bereits Strom. Das erste Elektrogerät, das wir besaßen, war ein Tauchsieder und wenig später kam ein Volksempfänger dazu. Tagsüber blieb das Radio aus, da wir uns meistens draußen aufhielten. Abends hörten wir die Nachrichten des Deutschlandsenders. Oft hieß es dann: »Feindliche Flieger in Sicht!« Außerdem sang die Mutter abends mit uns, wenn wir im Winter drinnen saßen und strickten. Dann stimmten wir unseren Familiengesang an und sangen gemeinsam viele schöne Lieder. Mein Großvater und Vater sowie meine Brüder waren im Gesangverein. Wir waren alle musikalisch, obwohl meine Eltern keinen Musikunterricht hätten bezahlen können. Der Vater verdiente zwanzig Pfennig die Stunde! Davon mussten wir leben und damit sind wir immer ausgekommen.

Neben dem Haus hatten wir eine Art Sandkasten. Mein Großvater war als Maurer selbstständig und daher gab es immer einen Sandhaufen, in dem wir spielen durften. »Der Sand wird aber net fortgeschleppt!«, wies uns der Opa an. »Den brauch ich noch, gell!«

Es gab auch einige Bücher bei uns zu Hause. In einem Buch las ich besonders oft – ich besitze es heute noch. »Mein Lesebuch« heißt es. Die Texte, Geschichten und Gedichte darin sind in der Sütterlinschrift abgedruckt. Eins der Gedichte möchte ich an dieser Stelle gern zitieren:

Bei uns zu Haus

Ein Vöglein kommt geflogen und setzt sich auf das Dach, und zwitschert laut sein Liedchen, da wird das Kindlein wach.

Es ruft: »Bist du schon munter, du liebes Vöglein, du? Dann schlaf ich auch nicht länger.« Es springt vom Bett im Nu.

Und huscht in seine Kleider und springt zum Garten schnell. Da leuchten rings die Blumen, die Sonne lacht so hell.

Zur Hitlerzeit waren eigentlich andere Lesebücher verbreitet. Ich hatte ein Buch, in dem auf der ersten Seite Adolf Hitler abgebildet war. Das musste ich später abgeben. Nach dem Krieg kam nämlich eine Zeit, in der alle Gegenstände und Kleidungsstücke abgeliefert werden mussten, die etwas mit dem Nationalsozialismus zu tun hatten. Das nannte sich Entnazifizierung. Hinterher habe ich mich manchmal darüber geärgert, dass wir so vieles abgeben mussten. Aber wir wollten ein reines Gewissen haben.

Frau O. aus Lich, aufgewachsen in Lauter, Jahrgang 1930

»Alles ihm befehle« –
Unser Glaube an Gott

Der christliche Glaube war in unserer Familie ständig präsent und hatte eine große Bedeutung für uns. Meine Eltern lebten ihren Glauben an Gott ganz bewusst. Meine Mutter zitierte oft aus dem Lied »Harre meine Seele, harre des Herrn«. Sie sagte dann: »Alles ihm befehle, hilft er doch so gern.« Ihre Sorgen und Probleme an Gott abzugeben, war eine echte Hilfe für sie. Außerdem war sie eine zufriedene Frau und versuchte, diese Zufriedenheit auch uns zu vermitteln. Ich weiß noch, wie sie sagte: »In der Bibel steht doch, wenn ihr Nahrung und Bedeckung habt, so lasst euch genügen. Mehr braucht ihr nicht.« In dieser Beziehung war sie ein großes Vorbild für uns Kinder.

Die Eltern beteten abends immer auf den Knien, für die Familie und für die Nachbarn. Mein Vater sprach mit vielen Menschen über seinen Glauben an Gott. Wir gehörten zu einer Brüdergemeinde, aber meinem Vater war die Aussage, die im Epheser- und Kolosserbrief steht, sehr wichtig: »Von der Liebe zu *allen* Heiligen.« Es ging ihm also nicht um Abgrenzung, wie das oft der Fall in Brüdergemeinden war. Er hatte Kontakt zu vielen Menschen, auch zu einem Pfarrer aus einem Ort in der Nähe.

Sie telefonierten oft miteinander oder besuchten sich und beteten zusammen.

Es ging mir nicht immer leicht im Leben, auch in der Schule hatte ich meine Schwierigkeiten, aber ich habe mein ganzes Leben lang ein tiefes Vertrauen zum Herrn gehabt, habe es heute noch – und das verdanke ich zum großen Teil meinen Eltern.

Herr W. aus Lich, aufgewachsen in Grünberg, Jahrgang 1936

Meine Mutter war eine Sammlerin

Bei uns in der Familie gab es früher oft Rouladen zu Feierlichkeiten. Rouladen waren *das* Festessen. Soweit man sie bekam. Während der Kriegszeiten musste man sich schon ein paar Marken aufheben, um sich solch eine Köstlichkeit leisten zu können. Rouladen habe ich sehr gern gegessen.

Außerdem hatten wir einen Garten, den meine Mutter und meine Tante bewirtschafteten. Wir lebten also sehr viel von Gemüse und Selbstgezogenem. Ich erinnere mich daran, dass meine Mutter eine richtige Sammlerin war. Zu jeder Jahreszeit hatte sie bestimmte Dinge, die gesammelt werden mussten: die ersten Brennnesseln, die ersten Löwenzahnblätter. All diese Dinge, die in der Natur wuchsen, waren bei uns angesagt. Im Sommer pflückten wir zum Beispiel Himbeeren im Wald. Dann bekamen wir ein Gürtelchen um, an dem vorne eine Milchkanne hing, und mit dieser Ausrüstung gingen wir Himbeeren sammeln. Aus den Himbeeren kochten wir Marmelade oder machten daraus Saft.

So war immer etwas Leckeres für Weihnachten im Keller. Im Herbst hörte man häufig den Satz: »Das heben wir auf bis Weihnachten.« Zum Beispiel das Sauerkraut oder die Senfgurken, die wir eingelegt hatten. Auch von Holunderbeeren wurde

Saft gewonnen, den wir im Winter heiß tranken. Oder es gab Heidelbeeren in Flaschen.

Weiterhin kann ich mich noch an das Pilzesammeln erinnern. Bei den gemeinsamen Spaziergängen sammelten wir Pilze, vor allen Dingen Pfifferlinge. Die wuchsen im Wald bei dem Moos. Ich war noch sehr klein und meine Mutter wies mich an: »Guck mal, da unten, unter dem Baum – da sind kleine Pfifferlinge. Die bringst du!« Also kroch ich unter die Tannen und sammelte die Pfifferlinge ein. Die wurden dann zum Beispiel eingekocht und auf diese Weise haltbar gemacht.

Für uns war es wichtig, dass gesammelt wurde und die Lebensmittel somit im Winter greifbar waren. Im Keller war ständig ein Erdhaufen, in den Rote Bete, Möhren und Sellerie eingegraben wurden. Dieses Wurzelgemüse wurde dort »eingemietet« und wenn es gebraucht wurde, holte man ein Stück raus. Meine Mutter war großartig in solchen Dingen. Unser Dachboden lag beispielsweise immer voll mit verschiedenen Teesorten, die sie zum Trocknen gelagert hatte, in kleinen Leinenbeutelchen mit den betreffenden Schildern dran. Und so konnten wir den ganzen Winter über Tee trinken. Während des Krieges haben wir also keine Not gelitten.

Frau Sch. aus Lich, aufgewachsen in Altenburg, Thüringen, Jahrgang 1932

Liter für Literatur

Als meine Mutter meinen Vater heiraten wollte – auch die Reihenfolge stimmt –, da weigerte er sich. Die Männer hatten 1928 noch einen für heute unbegreiflichen Stolz, sie wollten nicht heiraten, wenn sie keine Familie ernähren konnten. Die Zeiten waren schlecht, und Paul Fährmann war arbeitslos geworden. Die Arbeitslosenunterstützung war so gering, dass mein Vater gerade die Miete für seine Schlafstelle damit bezahlen konnte. Meine Mutter hingegen hatte einen Beruf. Sie war Beiköchin – was immer das ist – bei der Familie König, der die große Brauerei in Beeck gehörte.

Eines Tages fiel der Frau König auf, dass Franziska ganz gegen ihr sonstiges Naturell bedrückt und mit sorgenvoller Miene ihre Arbeit verrichtete. Auch sang sie nicht mehr in der Küche, was Frau König allerdings ganz gut gefiel, denn meine Mutter konnte den Ton nicht halten, und selbst das Lied von Mariechen, die weinend im Garten saß, klang zum Mitweinen. Doch Frau König fragte schließlich meine Mutter: »Was ist mit Ihnen los, Franziska?«, da öffneten sich die Quellen. Meine Mutter heulte, nahm ihre Brille ab und schlug die Hände vor die Augen. Schließlich wusste Frau König, was los war. Was noch niemals bei einem Dienstmädchen vorgekommen war, geschah: Sie legte ihr den Arm um die Schulter und versprach: »Nun heulen Sie mal nicht, Franziska! Wenn der Paul Fährmann Sie heiratet, dann schenke ich zur Hochzeit für ihn eine Arbeitsstelle in der Brauerei.«

Diesem Reiz konnte mein Vater nicht widerstehen. Es wurde wenige Wochen später geheiratet, und Frau König hielt Wort. Mein Vater hatte in seiner ostpreußischen Heimat das Handwerk eines Maschinenschlossers gelernt und musste in der Brauerei die beiden riesigen Dampfmaschinen, die Energiespender des ganzen Werkes, warten und pflegen. Er war glücklich mit seiner jungen Frau und dem neuen Beruf.

Doch eines gefiel Franziska und Paul nicht besonders. Der Lohn in der König-Brauerei – und wohl in den meisten Brauereien im Land – wurde nämlich nicht restlos in Mark und Pfennig ausgezahlt. Ein Teil des Verdienstes wurde in Naturalien abgeglichen. Täglich schleppte mein Vater sechs Flaschen Bier mit nach Hause, das Deputat. Weil es keinen unmäßigen Biertrinker in unserer näheren Verwandtschaft gab, waren sechs halbe Liter täglich viel zu viel. In unserer winzigen Vorratskammer stapelten sich die Flaschen. Oft habe ich meine Mutter später vor dem Ausguss stehen sehen, in jeder Hand eine Flasche. Sie schnackte mit den Daumen die Porzellanverschlüsse auf, goss das Bier in das Be-

cken und sagte dabei: »Schafft Raum, ihr Völker.«
Es war nämlich streng verboten, das Deputatbier zu
verkaufen.

Der gelbe Gerstensaft brachte häufig Besuch ins
Haus. In unserer Straße wohnten vorwiegend Arbeiterfamilien. Sie verdienten wahrscheinlich auf
der Thyssenhütte oder auf dem Schacht Beecker-
werth weniger als mein Vater in der Brauerei. Die
meisten Männer in unserer Nachbarschaft gaben
freitags die geschlossenen Lohntüten den Frauen,
und die teilten das in der Woche verdiente Geld ein,
hielten etwas für die Miete zurück, nahmen, was sie
für den Haushalt brauchten, gaben den Männern
ein Taschengeld, und wenn es eben möglich war,
legten sie einen Notgroschen auf die hohe Kante.
Diese hohe Kante war bei uns eine große Zwie-
belmustertasse, die ganz oben im Küchenschrank
stand. Aber bei 72 Pfennig Stundenlohn blieb nicht
viel für diese Sparkasse übrig.

Die Männer, die oft am Nachmittag für ein Vier-
telstündchen in Fährmanns Küche rund um den
Küchentisch saßen, konnten ein Glas Bier trinken
oder, wenn es hochkam, eine Flasche. Für lau, sagte man bei uns, das heißt, es brauchte nichts dafür
bezahlt zu werden. Das ließ sich kein Mann in der
Nachbarschaft entgehen. Besäufnisse habe ich in
meinen Kinderjahren nur zweimal erlebt, einmal,
als mein Vater im Schachklub der Brauerei einen

ersten Preis gewonnen hatte, ein anderes Mal, als sein älterer Bruder aus dem fernen Liebenberg ihm mitteilte, dass mein Großvater mit 90 Jahren seinen ehemals scharfen Verstand immer mehr eingebüßt hatte.

Die Nachbarsfrauen sahen es übrigens nicht gern, dass ihre Männer oft eine Viertelstunde in Fährmanns Küche vertrödelten. Nur am ersten und dritten Freitag in jedem Monat war das anders. An diesen Tagen wollten die Männer nicht zu uns kommen. Aber die Frauen drängten sie so lange, bis sie sich schließlich in unserer Küche versammelten. Es schellte zweimal. Ein schmalbrüstiger, schwarzhaariger Mann betrat die Küche. Das war der Hausfrisör.

Fritz Ott. Hausfrisöre waren zu jener Zeit meist Arbeitslose, die von sich überzeugt waren, dass sie Haare schneiden konnten. Fritz Ott schnitt bei uns zu einem sensationell niedrigen Preis. Er verlangte nur 25 Pfennig pro Schur, und das war genau die Hälfte von dem, was man in Ulrichs Frisörsalon am Beecker Denkmal für einen Schnitt bezahlen musste. Zweimal im Monat 25 Pfennig sparen zu können, das ließ sich keine Frau in unserer Gegend entgehen. Gnadenlos wurden die Männer unter das Messer von Fritz Ott gejagt. Und was veranlasste ihn, einen so niedrigen Lohn zu verlangen? Nun, einen Teil seines Lohnes erhielt Fritz Ott in Naturalien. Pro Schopf bekam er ein Glas Deputatbier, und das machte ihn von Schnitt zu Schnitt kreativer. Es entstanden tatsächlich im Laufe des Abends abenteuerliche Schnitte. Und das war es, was die Männer zu Recht fürchteten.

Dieser Fritz Ott war zugleich ehrenamtlicher Leiter der Pfarrbücherei in St. Laurentius. Wenn aus dem Buchbestand zerlesene Bücher ausgesondert wurden oder wenn er in der Adventszeit als Jahresgabe Bücher erhielt, dann kam er mit einer Ledertasche voller Leseschätze zu Fährmanns und tauschte die Bücher gegen Bier. »Literatur gegen Liter«, sagte er dann und zog mit etlichen Flaschen Bier davon.

So wuchs im Laufe der Jahre in unserer Küche ein kleiner Buchbestand heran. Das war deshalb in den Arbeiterfamilien ungewöhnlich, weil Bücher im Verhältnis zum Lohn ziemlich teuer waren. Oft und oft sah ich meine Mutter und meinen Vater lesen.

Beinahe täglich erlaubte mir mein Vater, wenn er meist gegen drei Uhr von der Arbeit kam und gegessen hatte, mich neben ihn auf das schmale Sofa zu legen. Seine Siesta bestand darin, dass er mir dann eine Weile vorlas. Doch seine Stimme wurde nach wenigen Minuten leiser und stockender, und dann war er eingeschlafen. So wurde ich mit Geschichten groß. Und dass Geschichten wichtig waren, das wurde mir durch eine besondere Begebenheit ganz klar.

Meine Mutter wollte am Sonntag vor meiner Erstkommunion mit mir in die Kirche ins Hochamt um zehn Uhr gehen. Sie setzte bei kleiner Flamme das Sauerkraut auf den Gasherd und bat meinen Vater: »Paul, pass gut darauf auf.«

Vater saß auf dem Sofa und las. Als wir eine Stunde später aus der Messe kamen und um die Straßenecke bogen, da roch meine Mutter schon, was geschehen war. Sie rannte ins Haus. Sie riss die Küchentür auf, und beißender, blauer Qualm quoll ihr entgegen. Mein Vater, der allerdings durch Ammoniakdämpfe in der Brauerei seinen Geruchssinn eingebüßt hatte, saß immer noch seelenruhig auf dem Sofa, das Buch vor der Nase. Seine Frau, eine temperamentvolle Rheinländerin, fuhr über ihn her und beschimpfte ihn. Doch Männer aus Masuren lassen sich nicht so leicht aus der Ruhe bringen.

»Weißt du, Franziska«, sagte er, »ich habe zwar irgendwie gemerkt, dass blauer Dunst vor den Buchseiten herzog, aber es war so spannend, dass ich an das Sauerkraut nicht mehr gedacht habe.«

Da wusste ich, Sauerkraut mochte wichtig sein, aber wichtiger waren offenbar die Geschichten.

Meine Mutter behauptete, den Topf habe sie nie mehr verwenden können, weil das Sauerkraut völlig verkohlt gewesen sei und sich im Topfinneren festgebrannt habe.

Ist es ein Wunder, dass bei solchen prägenden Kindheitserlebnissen Literatur für mich ein Leben lang eine wesentlich größere Rolle spielte als Liter?

Willi Fährmann

Eine schöne Familientradition

In unserer Familie gab es eine schöne Tradition, auf die ich ganz stolz war und bei der sich auch viele andere Kinder gern anschlossen: Meine Eltern unternahmen an jedem Sonntag einen Spaziergang mit uns in den Wald. Mein Papa war ein richtiger Naturmensch. Eigentlich hatte er immer Förster werden wollen. Er führte uns dann durch den Wald, klärte uns über die Bedeutung des vierblättrigen Klees auf, zeigte uns essbare Kräuter, erzählte allerlei verrückte Geschichten und ließ dabei seiner Fantasie freien Lauf. Tiefe Gräben waren beispielsweise die Betten der Riesen. Diese Spaziergänge hat er uns so schön und spannend gemacht! Alle

Kinder, die uns besuchten, durften mit spazieren gehen. An diese Sonntage erinnere ich mich sehr genau und sehr gern.

Außerdem sind wir mit unserer gesamten großen Familie so richtige »alte Zocker« – seit eh und je. Mein Mann und ich spielen heute noch jeden Tag Karten- oder Gesellschaftsspiele. Selbst im Krieg hat meine Mutti uns »Fang den Hut!« gebastelt. Wir hatten immer Spiele und wir haben auch immer gespielt. Das ist bis heute so geblieben. Manche sagten zwar: »Das ist doch Blödsinn und vertrödelte Zeit.« Aber das ist es keinesfalls!

Frau H. aus Lich, aufgewachsen in Frankfurt, Bergen-Enkheim, Jahrgang 1937

Unsere Familienabende

Bei unserer Aufbau- und Wirtschaftswunderge-
neration der Fünfziger wurde automatisch viel
gearbeitet. Das Häuschen wurde in viel Eigenleistung selbst gebaut, die Außenanlagen wurden ei-
genhändig gestaltet. Man engagierte keine Unter-
nehmer, sondern machte fast alles in Eigenleistung
und mit Verwandtschaftshilfe selbst.

Nachdem wir in unser Eigenheim gezogen waren, wurde in unserer Familie der sogenannte
Samstagseinsatz eingerichtet. Gerade in dieser Zeit
hatten die IG Metall und der Deutsche Gewerk-
schaftsbund nämlich die Kampagne »Samstags gehört Vati mir!« ins Leben gerufen. Dieser Slogan

stand auf den Reklameblättern, die überall ausge-
hängt wurden. Auf den Plakaten war außerdem ein
kleines Kind abgebildet, das den Vater an der Hand
hielt. Bis zu diesem Zeitpunkt hatte es noch keine
Vierzig-Stunden-Woche gegeben, sondern man arbeitete mindestens achtundvierzig Stunden in der
Woche und musste auch samstags zur Arbeit gehen.
Im Zuge der Aktion »Samstags gehört Vati mir!«
und aufgrund vieler Proteste wurde schließlich der
Samstag als Arbeitstag abgeschafft und nach und
nach die Vierzig-Stunden-Woche eingeführt. Dies
muss um 1954 oder 1955 gewesen sein.

Von da an gehörte das Wochenende allein der
Familie – und wir starteten unseren Samstagseinsatz. Teilweise kamen Verwandte und halfen mit,
wenn wir am und um das Haus herum arbeiteten.
Nach getaner Arbeit, gegen siebzehn Uhr, wur-

den die Geräte sauber gemacht, man machte sich frisch und dann setzten sich alle zusammen – wenn es schön war nach draußen, ansonsten in die Küche – um einen großen Tisch und es gab ein besonderes Essen. Manchmal briet meine Mutter Koteletts, das war früher ein großer Luxus. Und ich weiß noch, dass ich damals mein erstes dunkles Bier trinken durfte. Es war für mich ein genussvolles Ritual, wenn ich meine Flasche Malzbier in die Hand gedrückt bekam und den ersten Schluck daraus nahm. Beim Essen ließ man den Tag ein bisschen ausklingen und redete noch über die Arbeit – was man geschaffte hatte oder was als Nächstes anstand. Das waren unsere Familienabende, unsere Arbeits-Feierabende.

Herr V. aus Marienheide, aufgewachsen in
Wuppertal, Jahrgang 1945

Trotz allem waren wir behütet

Kriegsjahre

»Wenn dich die Stürme des Lebens umtoben,
wenn dich das Liebste auf Erden verlässt, richte
nur treu die Blicke nach oben, vertrau auf den
Herrn, so kindlich und fest.«

AUS DEM POESIEALBUM EINER
ZEITZEUGIN

Richtige Angst kannte ich nicht

Ich wurde im Jahr 1937 geboren und da ich während des Krieges ein kleines Kind war, habe ich diese Zeit gar nicht so sehr als »Drama« empfunden. Ich wohnte mit meiner Familie in Bergen-Enkheim, einem Stadtteil von Frankfurt, und wenn dort Großangriff war, wurde der Himmel mit Strahlern, mit Phosphor oder mit den sogenannten »Christbäumchen« erleuchtet von der Flak. Sobald es losging, lief ich raus und schaute mir den Himmel an. Meine Mutti war entsetzt, sie suchte mich. Kurz vor dem Angriff war ich verschwunden! Ich war eine Romantikerin und hatte überhaupt keine Angst. Für mich als Kind war der Himmel etwas Fantastisches. Ich fand das toll.

Immer wenn ein Angriff kam, flüchteten die Leute in einen Bunker. Bei uns in Enkheim gab es einen Erdbunker, den die Hausgemeinschaft unseres Mietshauses gebaut hatte. Da hatte man ein großes Loch gegraben, Baumstämme oder Balken daraufgelegt und alles mit Erde bedeckt, sodass es aussah wie ein Acker. Diesen Bunker konnte man von oben nicht sehen.

Wenn der Fliegeralarm losging, hatte meine Mutti immer die Ruhe weg. Wir standen noch alle um den Tisch herum und beteten und dann zogen wir los, durch den Garten in den Bunker. Richtige Angst kannten wir eigentlich gar nicht. Das lag meines Erachtens daran, dass meine Mutter so eine große Ruhe ausstrahlte.

Doch als wir nach einem dieser Luftangriffe aus dem Bunker kamen – es war der Großangriff auf Frankfurt im Jahr 1944 –, war unser Haus verschwunden. Zwei Bomben waren genau über dem Haus abgeworfen worden. Der Boden war nach oben gekehrt, das Eingemachte aus dem Keller, die Matratzen – alles war durcheinander. Das ganze Haus war weg! Und so standen wir da: meine Mutter mit uns Kindern an der Hand. Sie war verzweifelt. »Wohin? Wohin jetzt?« Wir hatten nichts mehr, und mein Vater war ja auch noch im Krieg.

Nach dem Angriff liefen wir durch das zerstörte Enkheim. Uns bot sich ein schrecklicher Anblick: Von vielen Gebäuden standen nur noch einzelne Hauswände, zerbrochene Waschbecken waren zu sehen, Gegenstände lagen wild verstreut auf der Straße.

Meine Mutti ging dann mit uns Kindern zum Pfarrer. Von dort aus brachte man uns schließlich nach Lich, weil mein Vater ursprünglich aus diesem Ort stammte. Wir kamen also nach Lich zu seinen Eltern. Und wir hatten nichts. Lich war sehr evangelisch. Die neu Zugezogenen wurden nicht unbedingt geachtet und geliebt. Wir Kinder wurden in der Schule als die »frechen Frankfurter« bezeichnet und auf dem Schulhof mit »katholischer Kreuzkopf« beschimpft. Wir waren total verhasst. Mich persönlich hat das aber unheimlich stark gemacht. Man musste sich ja wehren. Obwohl ich eigentlich ein friedliebender Mensch war.

Trotz all dieser Erlebnisse habe ich keine allzu dramatischen Erinnerungen an die Kriegszeit, weil ich annehme, dass wir trotz allem noch sehr behütet waren. Auch vom Glauben her. Man hat sich ja ganz in Gottes Hand gegeben. Außerdem machte man aus allem – aus dem wenigen, was man hatte – etwas Schönes. Das hat sich die Kriegsgeneration bis heute beibehalten.

Frau H. aus Lich, aufgewachsen in Frankfurt, Bergen-Enkheim, Jahrgang 1937

Von englischen Fliegern überrascht

Ich habe meine Kindheit und die Kriegsjahre in Biblis, Südhessen, verbracht. Dort gab es einen großen Flugplatz – ein reiner Militärflugplatz, der zu Kriegszwecken aus dem Boden gestampft worden war und den die Alliierten nicht kannten. Man erzählte sich, dass hier eine V2 – eine Artillerie-Rakete mit großer Reichweite – stationiert war.

Durch den nahe gelegenen Flugplatz waren wir Kinder den täglichen Anblick von deutschen Soldaten gewohnt. Auch bei uns im Haus waren einige Soldaten untergebracht, weil sie keine eigenen Quartiere hatten. Ihre Mahlzeiten nahmen sie allerdings im Fliegerhorst ein.

Obwohl der Flughafen versteckt gebaut worden war, entdeckten die Engländer ihn eines Tages. Im Winter 1944 kam es zu einem Vorfall, der mich das Leben hätte kosten können. Weil die Gegend um Biblis sehr eben war und es zwei Flüsse gab, die im Herbst über die Ufer traten, waren die anliegenden Wiesen oft überflutet und froren im Winter zu. Zur Freude von uns Kindern, denn so konnten wir dort Schlittschuh laufen. Manchmal liefen meine Freunde und ich kilometerweit auf unseren Schlittschuhen, bis ins nächste Dorf. Dort stärkten wir uns dann in der örtlichen Gastwirtschaft mit einem heißen Getränk und machten uns wieder auf den Rückweg. An einem Wintertag – wir hatten soeben den Heimweg angetreten – erschienen plötzlich englische Flieger am Himmel. Anscheinend waren sie gerade dabei gewesen, den versteckten Militärflughafen anzugreifen. Glücklicherweise befanden meine Freunde und ich uns in der Nähe eines kleinen Erlenwaldes. Noch bevor die Engländer das Feuer auf uns eröffnen konnten, fuhren wir auf unseren Schlittschuhen in die Richtung des Waldes und suchten unter den Bäumen Schutz. Die Flieger versuchten daraufhin, uns zu beschießen, erwischten aber keinen von uns Jungs. Wir kamen mit einem Schrecken davon.

Herr H. aus Lich, aufgewachsen in Biblis, Jahrgang 1935

Man war einfach dabei

Ich war während des Krieges im Bund Deutscher Mädchen. Wenn ich wochentags aus der Schule kam, hatte ich dort hinzugehen. Ob man wollte oder nicht, man war als Mädchen einfach dabei. Ich empfand es jedoch nicht als Zwang, denn die Treffen, die einmal pro Woche veranstaltet wurden, waren gar nicht so schlecht. Wir machten allerhand schöne Sachen, Sport zum Beispiel, oder wir packten Päckchen für die Soldaten im Krieg.

Als ich achtzehn wurde, erhielt ich ein Schreiben von der Partei, in dem ich aufgefordert wurde, Parteimitglied zu werden. Dieses Dokument mussten die Eltern unterschreiben, denn damals war man erst mit einundzwanzig volljährig. Ich übergab also meinen Eltern den Brief. Wenn ich heute die Augen zumache, sehe ich meine Eltern noch vor mir: Sie guckten sich nur an und äußerten sich mit keinem Wort dazu. Dann unterschrieben sie stillschweigend. Und ich war Parteimitglied. Meinen Eltern war dies natürlich nicht recht, sie hatten jedoch Angst, ihre Meinung laut kundzutun. Unsere Familie war sowieso immer im Blickfeld wegen unseres christlichen Glaubens und unserer Gemeindezugehörigkeit.

Frau B. aus Gummersbach, Jahrgang 1926

Aus Anne Franks Tagebuch:
Mittwoch, 8. Juli 1942

Liebe Kitty!
Zwischen Sonntagmorgen und heute scheinen Jahre zu liegen. Es ist unendlich viel geschehen, es ist, als wäre die Erde verwandelt! Aber, Kitty, ich lebe noch, und das ist die Hauptsache, sagt Vater. Ja, ich lebe noch, aber frage mich nur nicht, wie. Wahrscheinlich begreifst du mich heute schon gar nicht mehr. Darum werde ich dir nun erst mal erzählen, was sich seit Sonntag ereignet hat.

Um 3 Uhr (Harry war eben weggegangen und wollte später wiederkommen) hatte es geschellt. Ich hatte nichts gehört, weil ich gemütlich faul auf der Veranda im Liegestuhl lag und las. Da kam Margot ganz aufgeregt an die Tür. »Anne, für Vater ist ein Aufruf von der SS gekommen«, flüsterte sie, »Mutter ist schon zu Herrn van Daan gelaufen.« Ich erschrak furchtbar. Ein Aufruf – jeder weiß, was das bedeutet: Konzentrationslager –, einsame Zellen sah ich vor mir auftauchen, und dahin sollten wir Vater ziehen lassen! »Er geht natürlich nicht«, sagte Margot bestimmt, als wir im Wohnzimmer zusammen saßen, um auf Mutter zu warten. »Mutter ist zu van Daans gegangen, um zu besprechen, ob wir nun schon morgen untertauchen. Van Daans gehen mit, dann sind wir sieben.« Ganz still war es. Wir konnten nicht mehr sprechen. Der Gedanke an Vater, der, nichts Böses ahnend, seine Schützlinge im jüdischen Altersheim besuchte, das Warten auf Mutter, die Hitze, die Spannung – wir waren ganz stumm geworden.

Plötzlich schellte es. »Das ist Harry«, sagte ich. »Nicht öffnen«, hielt Margot mich zurück, aber es war überflüssig. Wir hörten Mutter und Herrn van Daan mit Harry sprechen. Als er weg war, kamen sie herein und schlossen die Tür hinter sich ab. Bei jedem Klingeln musste Margot oder ich ganz leise nach unten gehen und sehen, ob es Vater sei. Sonst durfte niemand herein.

Wir wurden beide aus dem Zimmer geschickt. Van Daan wollte mit Mutter allein sprechen. Als wir in unserem Zimmer warteten, erzählte mir Margot, dass der Aufruf nicht für Vater war, sondern für sie. Ich erschrak von Neuem und begann, bitterlich zu weinen. Margot ist sechzehn. So wollen sie Mädels wie Margot allein verschicken!? Sie geht glücklicherweise nicht von uns weg. Mutter hat es gesagt, und darauf hatten wohl auch Vaters Worte gezielt, als er mit mir vom Untertauchen gesprochen hatte.

Untertauchen! Wo sollen wir untertauchen? In der Stadt, auf dem Lande, in irgendeinem Gebäude, einer Hütte, wann, wie, wo? Das waren Fragen, die ich nicht stellen durfte, die aber doch immer wieder in meinem Hirn kreisten.

Margot und ich begannen, das Nötigste in unsere Schultaschen zu packen. Das Erste, was ich nahm, war dieses gebundene Heft, dann bunt durcheinander: Lockenwickler, Taschentücher, Schulbücher, einen Kamm und alte Briefe. Ich dachte ans Untertauchen und stopfte lauter unsinniges Zeug in die Tasche. Aber es tut mir nicht leid, Erinnerungen sind mir mehr wert als Kleider.

Um 5 Uhr kam Vater endlich nach Hause. Er rief Herrn Koophuis an und bat ihn, abends zu uns zu kommen. Herr van Daan ging, um Miep zu holen. Sie kam, packte Schuhe, Kleider, Mäntel, etwas Wäsche und Strümpfe in einen Handkoffer und versprach, abends wiederzukommen. Dann wurde es still bei uns. Keiner von uns wollte essen. Es war noch sehr heiß, und alles war so sonderbar.

Das große Zimmer oben war an einen Herrn Goudsmit vermietet, einen geschiedenen Mann in den Dreißigern. Er hatte anscheinend an diesem Sonntag nichts vor, blieb bis 10 Uhr bei uns sitzen und war nicht wegzukriegen. Um 11 Uhr kamen Miep und Henk van Santen. Miep ist seit 1933 in Vaters Geschäft tätig und uns eine treue Freundin geworden, ebenfalls ihr neugebackener Ehemann Henk. Wieder verschwanden Schuhe, Strümpfe, Bücher und Wäsche in Mieps Koffer und Henks tiefen Taschen. Um 11.30 Uhr gingen sie beladen davon. Ich war todmüde; obgleich ich wusste, dass es die letzte Nacht in meinem eigenen Bett sein würde, schlief ich sofort ein und wurde am nächsten Morgen um 5.30 Uhr von Mutter geweckt.

Glücklicherweise war es nicht mehr so heiß wie am Sonntag. Den ganzen Tag rieselte ein warmer Regen. Wir zogen uns alle vier so dick an, als ob wir im Frigidaire übernachten sollten. Aber wir wollten doch noch möglichst viel Kleidung mitnehmen. Kein Jude unserer Situation konnte wagen, mit einem schweren Koffer über die Straße zu gehen. Ich hatte zwei Hemden und zwei Paar Strümpfe an, drei Schlüpfer und ein Kleidchen, darüber Rock und Jacke und einen Sommermantel, meine besten Schuhe, Überschuhe, Schal, Mütze und noch allerlei. Ich erstickte beinahe zu Hause schon, aber niemand kümmerte sich darum.

Margot stopfte ihre Schultasche noch mit Schulbüchern voll, holte ihr Rad und fuhr hinter Miep her in eine für mich unbekannte Ferne. Ich kannte nämlich immer noch nicht den geheimnisvollen Ort, der uns aufnehmen sollte. Um 7.30 Uhr schlossen auch wir die Tür hinter uns. Das Einzige, wovon ich Abschied nahm, war Mohrchen, mein lieber kleiner Kater, der eine neue gute Heimat bei Nachbarn bekommen sollte. Diese Mitteilung war Herrn Goudsmit mit einem Zettel hinterlas-

sen worden. Auf dem Küchentisch stand ein Pfund
Fleisch für die Katze, auf dem Tisch stand noch
das Frühstücksgeschirr, die Betten waren ausgelegt.
Das machte alles den Eindruck, als wären wir Hals
über Kopf verschwunden. Es war uns gleich, was
die Leute sagten. Wir wollten weg, nur fort und sicher ankommen!

Morgen mehr!

Anne

Von Verdunklung und Wertmarken

Mit dem Kriege kam die Verdunklungszeit, wo alles im Haus abgedunkelt werden musste. Die Städte waren dunkel, kein Licht durfte brennen. Die Kontrolleure gingen durch die Straßen und wiesen manche Familien zurecht: »Hier scheint Licht raus. Die Flieger können das sehen und wissen dann, wo die Städte liegen.« Die Flieger setzten die Bomben ganz gezielt. Zum Glück war unsere Gegend kaum betroffen von den Bombardierungen. Altenburg wurde fast gar nicht zerstört, aber die Nachbarstädte Gera und Jena traf es stark.

Wir wohnten damals in einem Eckhaus, in dem sich unten eine Gastwirtschaft befand und direkt daneben ein sogenannter Kolonialwarenladen. Die Gaststube bewirtschaftete die Schwester meiner Mutter mit ihrer Familie. Unsere Wohnung lag in der ersten Etage und hatte zwei sehr große Räume – die Wohnküche und ein riesiges Schlafzimmer. In der Küche standen der Herd sowie unser Klavier.

Wir Kinder hatten immer unsere Aufgaben. Das war wichtig. Wir mussten zum Beispiel das gebrauchte Wasser – wir nannten es Matschwasser – nach unten in den Hof bringen und in den Abfluss schütten. Natürlich halfen wir viel mit. Meine Mutter war damals schon älter, über fünfzig. Wege gehen und Brot holen, das war für mich angesagt. Außerdem gab es ja die Lebensmittelkarten. Dies waren Wertmarken für verschiedene Lebensmittel. Wenn man beispielsweise ein Pfund Zucker kaufen wollte, wurde das Zuckermärkchen abgeschnitten und man bezahlte für den Zucker. Durch die Wertmarken war festgelegt, wie viel man berechtigt war zu bekommen – in Fett, Fleisch, Brot und in Nährmittel, so hieß das damals. Im Herbst gab es dann Bezugsscheine für Kartoffeln. Die Märkchen hatten verschiedene Farben, man bekam sie monatlich, pro Person eine bestimmte Grammzahl. Mehr gab es nicht, alles war genormt. Die Lebensmittelmarken, die unten im Laden eingenommen wurden, sortierten wir Kinder oben am Esstisch und klebten sie mit selbst angerührtem Kleister auf Zeitungspapier. Die Mitarbeiter des Ladens lieferten sie dann ab, um neue Ware dafür zu erhalten und diese zu verkaufen. Wir Kinder mochten diese Aufgabe und waren begeistert bei der Sache.

Bezugsscheine gab es übrigens auch für Textilien und für Schuhe. Ich kann mich erinnern, dass ich sehr schnell gewachsen bin und sehr große Füße hatte. Ich benötigte ständig neue Schuhe, doch wir bekamen keine in meiner Größe. So musste ich meist mit eingezogenen Zehen laufen. Das war nicht besonders angenehm …

Frau Sch. aus Lich, aufgewachsen in Altenburg, Thüringen, Jahrgang 1932

Von Solberfleisch und einem
unflätigen Lehrer

Den Krieg haben wir als Familie im Großen und Ganzen gut überstanden. Hunger leiden mussten wir nie. Wir hatten immer etwas zu essen, auch wenn es die einfachste Mahlzeit war. Wir aßen, was wir selbst gezogen hatten. Da wir ein Stück Ackerland bewirtschafteten, hatten wir ausreichend Kartoffeln und im Garten wuchs unser Gemüse. Außerdem durften wir einmal im Jahr ein Schwein schlachten. Damals war der Lebensmittelverbrauch ja vorgeschrieben und rationiert. Aus diesem Grund gab es die Lebensmittelkarten, für uns die Selbstversorgerkarten. Das geschlachtete Schwein mussten wir uns gut einteilen, schließlich sollte es für ein ganzes Jahr reichen. Um es haltbar zu machen, legten wir es in Salzlake ein. Das war das sogenannte Solberfleisch. Dies wurde im Winter verbraucht, denn im Sommer war es dafür zu warm. Und so gab es im Winter Sauerkraut mit Solberfleisch, Bohneneintopf mit Solberfleisch und Kohlrabi mit Solberfleisch. Mhm – besonders Letzteres war ein Gedicht! Weiterhin hielten wir Hühner und Hasen, von denen wir so viele schlachten durften, wie wir wollten. Das schrieb uns keiner vor. Es war zwar schade, diese Tiere zu schlachten, aber das war zur damaligen Zeit nun mal normal und notwendig.

Auch an Bekleidung fehlte es uns nicht. Die Dorfschneiderin kam regelmäßig und machte aus den alten Kleidungsstücken etwas Neues für uns Kinder. Da ich die Jüngste war, musste ich die abgelegten Sachen meiner Schwester tragen. Doch das störte mich nicht. Für den Schulbesuch zogen wir unsere beste Alltagskleidung an und wenn wir mittags heimkamen, mussten wir uns zum Arbeiten und Spielen extra umziehen. Die Schulkleidung hatte sauber zu bleiben!

Montags gab es immer etwas Frisches zum Anziehen, denn an diesem Tag fand der wöchentliche Appell in der Schule statt. Dazu mussten wir früh morgens in Dreierreihen antreten. Dann ging der Lehrer durch die Reihen und überprüfte, ob die Schuhe geputzt waren. Im Klassenzimmer mussten wir unsere Hände auf den Tisch legen – die kontrollierte er ebenfalls. Waren die Hände oder die Nägel dreckig, gab es einen Schlag mit dem Stock. Oder gleich mehrere Schläge. Geschlagen hat aber nur ein Lehrer, Herr Röschen. Herr Röschen griff immer sehr leichtfertig zum Stock, und wenn er Zorn hatte, ließ er ihn an den Kindern aus.

Einmal fragte er die Klasse meines Bruders: »Wer kann mir morgen einen Zeigestock mitbringen?« Mein Bruder meldete sich und sagte: »Herr Lehrer, ich mache das!« Als der Lehrer von meinem Bruder den Stock überreicht bekam, sagte er: »Komm her, dann will ich ihn gleich mal an dir ausprobieren!« Mein Bruder musste sich über die Schulbank beugen und Herr Röschen versohlte ihm den Hintern, bis er blutete. Meine Mutter ging mit ihrem Sohn unverzüglich zum Doktor. »Was ist denn das für ein Unflat!«, rief der Arzt aus. Mein Bruder berichtete dies wiederum seinem Lehrer. »Der Doktor meint, Sie seien ein großer Unflat!« Er wusste gar nicht, was der Ausdruck bedeutete. Zum Glück wurde er nicht noch einmal geschlagen. Herr Röschen war ein richtig ekliger Kerl! Schließlich wurde er strafversetzt, weil er noch weitere Delikte verübt hatte.

Frau O. aus Lich, aufgewachsen in Lauter,
Jahrgang 1930

Wir blieben unversehrt

Ich bin Jahrgang 1938 und habe als kleines Kind den Krieg miterlebt. Obwohl ich in diesen Jahren manchmal Angst hatte, fühlte ich mich dennoch sehr behütet. Meine Mutter vermittelte mir eine große Geborgenheit. Außerdem sind meine Familie und ich bei vielen Situationen im Krieg bewahrt geblieben.

In der Nacht vom 29. auf den 30. Mai 1943 fand der große Barmer Angriff statt, ein ganz großer Luftangriff der Alliierten. Am 29. Mai hatte die einzige Schwester meiner Mutter – meine Tante – Geburtstag. Wir waren natürlich zur Geburtstagsfeier eingeladen. Dass unsere Stadt in dieser Nacht angegriffen werden sollte, wussten wir zu diesem Zeitpunkt nicht. Ich war damals vier, wurde im August fünf. Meine Mutter und ich feierten den Geburtstag der Tante bei ihr, mein Vater und Bruder waren nicht dabei, ich weiß nicht mehr, warum. Es wurde ein bisschen später und so legte man mich bei der Tante ins Bett. Gegen halb zehn kam mein Vater, um uns abzuholen. Meine Mutter weigerte sich, mich aufzuwecken. Doch mein Vater meinte: »Wir sind morgen bei Freunden eingeladen. Wir machen die Kleine jetzt wach und ich trage sie nach Hause.« – »Nein, das Kind schläft weiter! Sie bleibt hier«, entgegnete Mutter. Mein Vater wurde energischer. »Wir nehmen sie mit!«, sagte er bestimmt. Schließlich gab meine Mutter nach und wir machten uns auf den Weg nach Hause.

Und dann geschah das Unfassbare: Bei dem nächtlichen Angriff wurde das Mehrfamilienhaus, in dem meine Tante wohnte, bombardiert. Und alle Bewohner dieses Hauses kamen ums Leben. Alle. Meine Tante, meine Kusine, alle. Wenn wir dort geblieben wären, hätten wir ebenfalls zu den Opfern gezählt. Ich denke sehr oft über diesen Vorfall nach und ich glaube, es war Fügung, dass mein Vater sich an diesem Abend durchgesetzt hatte.

Dass dieser *große* Angriff auf Barmen kam, wussten wir vorher nicht. Alarm gab es ja öfter und auch viele Bombenangriffe in der Nähe, aber dass es in dieser Nacht Barmen treffen sollte, konnten wir nicht ahnen. Mein Vater hatte allerdings vorher schon einmal gesagt, dass der Barmer Bahnhof der Stadt sicher einmal zum Verhängnis werden würde. Alleine in Barmen gab es in jener Nacht ungefähr viertausend Tote. Es war fürchterlich.

Am nächsten Morgen gingen meine Mutter, mein Bruder und ich zu einer Bekannten. Ich kann mich daran erinnern, dass ich unterwegs schrecklich geweint habe, weil mir die Augen so stark brannten. Es lag ja überall noch eine große Hitze in der Luft. Der Asphalt war heiß und teilweise durch die Bomben und die Feuer aufgeweicht. Das war richtig schlimm. Meine Mutter und mein Bruder hielten mich fest an der Hand, trotzdem fand ich es schlimm.

Mein Bruder wurde kurz nach dem großen Angriff eingezogen. Seine gesamte Klasse – er ging damals zum Gymnasium – wurde mit ihm eingezogen. Die Jungen waren alle erst vierzehn, fünfzehn Jahre alt. Zuerst war mein Bruder für etwa vier Wochen in den Barracken in Vohwinkel-Sonnborn stationiert. Von dort aus kamen die Jungen nach Moers an den Niederrhein, wo sie ebenfalls in Barracken untergebracht waren. Meine Eltern fuhren fast jeden Sonntag mit mir nach Moers, um meinen Bruder zu besuchen. Als wir eines Sonntags dort eintrafen, waren die Barracken leer! Die jungen Soldaten waren verschwunden und wir bekamen einen gehörigen Schrecken. Irgendjemand gab uns dann Nachricht, dass man alle Jungen am Tag zuvor zum Kämpfen nach Stettin geschickt hatte. Von da an hörten wir von meinem Bruder nichts mehr. Bis der Krieg zu Ende war.

Mein Vater war auch irgendwo im Osten eingezogen worden. Er hatte zu meinem Bruder durch die Feldpost ein wenig Kontakt, der jedoch dann abriss. Als der Krieg zu Ende war, wussten wir weder über das Schicksal meines Vaters noch über das meines Bruders Bescheid.

Meinem Bruder gelang es schließlich, sich mit ein oder zwei Kameraden abzusetzen und die Strecke von München, wo er sich derzeitig befand, bis Wuppertal zu Fuß zurückzulegen. Am 24. Juli 1945 – es war der Geburtstag meiner Oma – erreichte mein Bruder sein Zuhause. Unversehrt. Was haben wir uns gefreut, als er plötzlich zur Tür reinkam! Mein Bruder fragte sofort: »Wo ist der Vater?«, und wir mussten ihm antworten: »Das wissen wir nicht.« Keiner wusste etwas. Doch dann – es war kaum zu glauben – stand mein Vater zwei Tage später ebenfalls vor der Tür! Im Nachhinein haben wir von den Nachbarn und auch von ihm selbst erfahren, dass er mindestens fünf Stunden unten vor dem Haus gewartet hatte. Er hatte sich nicht getraut, die Wohnung zu betreten, weil er nicht wusste, wie es seinem Sohn ging. Was, wenn dieser im Krieg gefallen war? Als dann eine Nachbarin zu ihm kam und sagte: »Jetzt ist die Freude aber groß! Ihr Sohn ist vorgestern auch nach Hause gekommen!«, ließ er alles fallen und lief ins Haus. So hatten wir innerhalb von zwei Tagen die Familie wieder zusammen.

Im Bunker ohne den Bruder

Als mein älterer Bruder noch in Sonnborn und Moers stationiert war, kam er manchmal für ein, zwei Tage nach Hause auf Urlaub. Mein Vater war zu dieser Zeit schon eingezogen worden. Vorher hatte er meinem Opa das Versprechen abgenommen, dass er immer dafür sorgen würde, meine Mutter und mich in den Bunker zu bringen, wenn der Fliegeralarm kam. Meine Großeltern gingen nicht in den Bunker. Sie wollten lieber in ihrem Keller Zuflucht suchen, obwohl es hier in Wuppertal einige dicke Bunker gab.

Ich habe heute noch das grässliche Geräusch des Fliegeralarms in den Ohren. Sobald der Voralarm losging, brachte mein Opa uns rasch zum Bunker und lief anschließend wieder nach Hause. Wenn sich endlich alle im Bunker eingefunden hatten, wurden die schweren Türen zugemacht, die den Raum luftdicht verschlossen. Dieses Geräusch, wenn die Türen endgültig zufielen, fand ich schrecklich.

An einem Wochenende war mein Bruder wieder

einmal auf Heimatbesuch. Und wieder einmal ging der Alarm los. »Du brauchst uns diesmal nicht zum Bunker zu begleiten«, wandte sich mein Bruder an meinen Opa, »ich bin ja dabei.« Als wir ein Stück unterwegs waren, fiel ihm jedoch ein, dass er seine Briefmarken vergessen hatte. Man muss dazu sagen, dass mein Bruder ein leidenschaftlicher Briefmarkensammler war. Also lief er zurück und meine Mutter und ich setzten unseren Weg Richtung Bunker allein fort. Wir hatten den Raum soeben betreten, da wurden die Türen verschlossen. Nun würde niemand mehr heraus- oder hereinkommen können. Auch mein Bruder nicht. Meine Mutter und ich mussten zwei oder drei Stunden im Bunker ausharren und hörten, wie in dieser Zeit weitere Bomben fielen. Nach der Entwarnung wurden die Türen geöffnet. Endlich. Jemand rief: »An der Rödiger Straße, Ecke Palmstraße ist alles zerstört, alles weg!« Mir blieb das Herz stehen, denn ich wusste genau: Das ist *unser* Haus! Ich schrie ganz fürchterlich: »Unser Paul-Gerd ist tot! Unser Paul-Gerd ist tot!« Aber nach einer halben Stunde trat er in den Bunker, seine Briefmarkensammlung unter den Arm geklemmt und ohne Anzeichen einer Verletzung. Es war die gegenüberliegende Häuserecke gewesen, die zerbombt worden war. Unser Haus stand noch.

Frau F. aus Wuppertal, Jahrgang 1938

Aus Anne Franks Tagebuch:
Dienstag, 7. März 1944

Wenn ich abends im Bett liege und mein Gebet mit den Worten endige:
»Ich danke dir für all das Gute und Liebe und Schöne«, dann jubelt es in mir. Dann denke ich an das »Gute«: unser Verschwinden, meine Gesundheit, an das »Liebe«: Peter und das, was noch zart und empfindsam ist, sodass wir beide es noch nicht zu berühren wagen, an das, was einmal kommen soll: die Liebe, die Zukunft, das Glück. Das »Schöne«, das die Welt umfasst: Natur, Kunst, Schönheit und alles Große, was damit verbunden ist.

Dann denke ich nicht an all das Elend, sondern an das Herrliche, was übrig bleibt. Hier liegt auch größtenteils der Unterschied zwischen Mutter und mir. Wenn man schwermütig ist, gibt sie den Rat: »Denke an alles Elend in der Welt und sei dankbar, dass du es nicht erlebst.« Ich sage: »Gehe hinaus in die Felder, die Natur und die Sonne, gehe hinaus, suche das Glück in dir selbst und in Gott. Denke an das Schöne, das sich in dir und um dich immer wieder vollzieht, und sei glücklich!«

Nach meiner Ansicht muss Mutters Rat falsch sein, denn was willst du tun, wenn du selbst ins Unglück kommst? Dann bist du verloren. Ich hingegen finde, dass selbst da immer noch etwas Schönes bleibt: die Natur, die Sonne, Freiheit und etwas in dir selbst. Daran musst du dich halten, dann findest du dich selbst wieder und findest Gott, dann behältst du dein Gleichgewicht. Und wer selbst glücklich ist, wird auch andere glücklich machen. Wer Mut und Vertrauen hat, wird im Unglück nicht untergehen!

Anne

Brief eines Vaters an seine Tochter

Auch du, mein liebes Schulmädchen, sollst zu deinem Geburtstag herzliche Glückwünsche erhalten. Sei immer fleißig und in der Schule lerne tüchtig, dann wirst du auch schöne Zeugnisse erhalten. Sei auch sonst lieb und brav, besonders zur Mutti. Liebe Kinder sind überhaupt immer lieb zur Mutti, hören aufs Wort, ärgern ihre Mama überhaupt nicht. Leider kann ich nicht bei euch sein. Denkt nur auch an mich und seid nur immer der Mutti recht artig. Dann werde ich bald wieder bei euch, meine Lieben, sein.

Viele Grüße an Greta und Paul! Auch sie sollen zur Mutter recht lieb sein und folgsam. Betet immer für euren Papa, der so weit weg ist von euch, dann wird er bald wieder nach Hause kommen.

Dir, mein Geburtstagskind, viele liebe Bussi gibt dir dein Vati! Halte die Mutti mal recht lieb und gib ihr ein festes Bussi von mir.

Grüße auch an Oma und Tante Erika!

Italien, Kriegsjahr 1944

Kriegserinnerungen eines Kindes

Während des Krieges war ich noch sehr jung, bei Kriegsbeginn erst drei Jahre alt. Daher habe ich die Kriegszeit nicht so stark wahrgenommen, abgesehen davon, dass es normal war, bei Bombenalarm in den Keller zu gehen. Einige Erinnerungen habe ich dennoch an diese Zeit:

Meine Mutter musste sehen, dass wir alle satt wurden. Die Eltern und alle zehn Kinder. Und dass es keinen Streit gab. Also nähte sie Leinenbeutelchen und stickte unsere Namen darauf. Morgens schnitt sie das Brot, das unserer Familie zugeteilt worden war, in Scheiben, wog diese ab und verteilte sie gerecht auf alle Beutel. Jeder musste sich dann seine Ration über den Tag hinweg einteilen. Damit hatte meine Mutter einen Weg gefunden, wie sie die Nahrungsmittel gerecht aufteilen konnte.

Die meisten meiner Kriegserinnerungen beziehen sich auf die letzten Kriegsjahre und das Ende des Krieges. An einem Tag im Frühjahr 1945, als die Amerikaner durchs Land zogen, hatte jemand ein deutsches Militärfahrzeug vor unserem Haus in Grünberg geparkt. Es war dort abgestellt worden, weil es wahrscheinlich nicht mehr fahrtüchtig war. Die amerikanischen Soldaten sahen das Fahrzeug und beschossen unser Haus. Anscheinend hatten sie angenommen, im Gebäude befänden sich deutsche Soldaten. Gott sei Dank wurde niemand verletzt.

Ich kann mich außerdem an eine tragische Begebenheit erinnern: Ein Deutscher, der in einem Nachbarort wohnte, war aus der Gefangenschaft geflohen. Er wusste nicht, dass die Amerikaner eine Ausgangssperre verhängt hatten. Kurz bevor er zu Hause eintraf, entdeckten ihn die amerikanischen Wachsoldaten – und erschossen ihn. So kurz vor seinem Ziel!

Auch unsere Familie wurde von einem Angriff der Amerikaner betroffen. Eigentlich war mein Vater von seiner Firma uk-gestellt; das bedeutete, er war *unabkömmlich* und somit vom Kriegsdienst befreit. 1944 sollte er dann doch noch eingezogen werden und bekam den Befehl, sich nach Frankreich an den Westwall zu begeben. Er wollte mit der Bahn reisen. Meiner Mutter fiel es sehr schwer, ihn ziehen zu lassen und mit uns zehn Kindern allein zurückzubleiben. Am Grünberger Bahnhof entschloss sie sich daher, meinen Vater ein Stück – bis nach Gießen – zu begleiten. »Dann bin ich wenigstens noch ein bisschen mit meinem Mann zusammen«, sagte sie. Also setzten sich meine Eltern in den Zug, der über eine Nebenstrecke nach Gießen fahren sollte. Im gleichen Zug befanden sich etliche Soldaten, die ebenfalls kurzfristig eingezogen worden waren. Plötzlich erschienen Tiefflieger und starteten einen Angriff. Die Flieger fegten über die Waggons hinweg und schossen unaufhörlich. Meine Eltern versuchten, sich in Sicherheit zu bringen, und sprangen aus dem fahrenden Zug – mein Vater aus der einen Seite des Abteils, meine Mutter aus der anderen. Dabei wurde die Mutter von zwei Geschossen getroffen: am linken Fuß – wo sie vier Zehen verlor – sowie an der Ferse – dort erlitt sie einen glatten Durchschuss.

Die Flugzeuge waren auf den Zug zugeflogen, hatten ihn gezielt angegriffen und beschossen. Es war vermutlich bekannt gewesen, dass hier deutsche Soldaten befördert wurden, die eingezogen werden sollten. Bei dem Angriff gab es mehrere Tote. Meine Mutter musste seitdem orthopädische Schuhe tragen und spürte obendrein jeden Wetterwechsel. Sie war damals Mitte vierzig und hat noch fünfzig weitere Jahre gelebt – mit klarem Verstand und einem fröhlichen Gemüt. Meinem Vater war glücklicherweise nichts passiert. Trotzdem durfte er anschließend zu Hause bleiben und musste keinen Kriegsdienst mehr leisten. Darüber freuten wir uns natürlich sehr!

Gegen Ende des Krieges war ich fast neun Jahre alt und interessierte mich für Flugzeuge. Einer meiner älteren Brüder war Flakhelfer. Flakhelfer waren junge Leute, die mit eingespannt wurden, wenn feindliche Flugzeuge abgeschossen wurden. Einmal musste mein Bruder aus Krankheitsgründen zu Hause bleiben und hatte Zeit, mir einiges über die Luftfahrt zu erzählen. Ich kenne heute noch die Namen der amerikanischen Flugzeuge: Thunderbolt, Lightning, Marauder. Kurz darauf schickte mich meine Mutter auf einen Botengang, um einen Einkauf zu erledigen. Währenddessen gab es einen Luftangriff. Ich kann mich nicht erinnern, Angst gehabt zu haben. Ich kann mich jedoch erinnern, dass ich der Verkäuferin genau sagen konnte, von welchen Flugzeugtypen wir gerade angegriffen wurden. Das hatte ich als fast Neunjähriger von meinem Bruder gelernt. Die Frau war ziemlich erstaunt über mein Wissen!

Herr W. aus Lich, aufgewachsen in Grünberg,
Jahrgang 1936

Die Amerikaner kommen!

An dem Tag, als die Amerikaner kamen, suchten wir zunächst Schutz in einem alten Felsenkeller, der nicht weit von unserem Haus entfernt lag. Dort wurde früher das Bier gelagert. Im Keller war es finster und wir hörten, wie es draußen krachte. Die deutschen Soldaten hatten einen Bahnwaggon auf die Hauptstraße geschoben, um den Amerikanern den Weg zu versperren. Diese zogen trotzdem weiter – durch die Nebenstraße, in der wir wohnten. Auf ihrem Weg warfen sie Bomben in eine Porzellanfabrik, die sofort zu brennen anfing. Die Deutschen waren so dumm und kämpften weiter, schossen noch auf die amerikanischen Soldaten.

Als es dann wieder ruhig war, gingen wir heim. Auf meinem Kopfkissen lag eine Patronenhülse; auf unser Haus war also auch geschossen worden. Am nächsten Tag kamen zwei Amis, die jeweils auf der linken und rechten Straßenseite jedes Haus kontrollierten. Mein Bruder hatte Patronen gesammelt, um damit zu spielen. Unsere Mutter bedeckte diese ganz schnell mit einem Kopfkissen, damit der Soldat keine falschen Schlüsse zog. Er ging dann tatsächlich die Treppe hoch und inspizierte die oberen Räume. Zum Glück zog er schließlich wieder ab – ohne besondere Vorkommnisse. Der andere Soldat ging die andere Seite der Straße entlang, unter anderem in das Haus meines Onkels und meiner Patentante. Mein Onkel war vorher so schlau gewesen und hatte die älteren Mädchen – vier meiner Kusinen im Alter von dreizehn und vierzehn Jahren – in den Schweinestall geschickt. Der Stall stand gerade leer und daher konnte mein Onkel die jungen Mädchen dort problemlos verstecken. Man war sich damals nicht sicher, was die Amerikaner mit den Frauen und Mädchen anstellen würden und fürchtete sich vor Übergriffen und Vergewaltigungen. Der Soldat betrat also das Wohnhaus und meine Oma, die bei meinem Onkel lebte, schlug ihm gleich zwei Eier in die Pfanne. So war er abgelenkt und bemerkte gar nicht, dass es in diesem Haushalt auch noch Mädchen gab. Die Soldaten zogen schließlich weiter und damit war die Sache für uns erledigt.

Die Amerikaner blieben für einige Zeit bei uns im Ort. Auf unserem Schulweg kamen wir an dem Hotel vorbei, das sie bezogen hatten. Wir sahen und rochen, wie sie draußen ihren Schinken brieten. Ab und zu schenkten sie uns auch ein Kaugummi. Da ich täglich an dem Hotel vorbeigehen musste, hatte ich bald keine Angst mehr vor den Soldaten. An dieser Stelle habe ich übrigens auch zum ersten Mal in meinem Leben einen Schwarzen gesehen.

Frau T. aus Lich, aufgewachsen in Oberfranken, Jahrgang 1934

Panzer auf der Autobahn

Im April 1945, gegen Ende des Krieges, saßen meine Mutter und ich oft an unserem Volksempfänger und hörten Radio. Es gab einen Sender, der regelmäßig darüber informierte, wo sich die Truppen der Amerikaner derzeitig befanden. Ich erinnere mich, dass sie im Radio sagten: »Meine Güte, die Amerikaner sind schon über den Rhein gekommen!« Dann waren die amerikanischen Truppen plötzlich an den Grenzen von Thüringen. Es hieß, sie rollten mit ihren Panzern über die Autobahn, die bei uns in der Nähe war. Das war die Ost-West-Verbindung, die es heute noch gibt – die A 4. Da ist man ja im Nu von Eisenach über Erfurt und Weimar in Jena. Meine Mutter sagte zu mir: »Du, wenn die schon auf der Autobahn sind, dann können sie in drei, vier Stunden hier sein.« Diese Befürchtung stand dann im Raum.

Doch laut der Berichterstattung wurden die Amerikaner an verschiedenen Stellen aufgehalten. Buchenwald war beispielsweise ein Ort, an dem sie noch waren. Meine Mutter verfolgte die Nachrichten gespannt – und ich natürlich auch. Aber viel konnte ich damit nicht anfangen. Ich spürte nur, dass meine Mutter immer nervöser wurde, und hörte, wie sie zu meiner Tante sagte: »Ja, was sollen wir denn machen? Sollen wir irgendetwas in den Keller bringen oder sollen wir das lieber außer Haus schaffen? Was werden die machen, wenn die kommen?« Diese Ängste. Uns war zu Ohren gekommen, dass die Amerikaner hier und da die Häuser besetzten und räuberten. Daran kann sogar ich mich noch erinnern.

Auch den Tag, als die amerikanischen Truppen bei uns einmarschierten, habe ich in Erinnerung. Da rief plötzlich jemand aus der Nachbarschaft: »Habt ihr nicht gehört? Habt ihr nicht gehört? – Die Amerikaner sind da!« Und es dauerte nicht lange, da rappelte und rumpelte es unten auf der Hauptstraße. Die Amerikaner kamen mit ihren Panzern! Nachdem sie eine Zeit lang durch den Ort gekreist waren und hier und da an den Häusern gehalten hatten, versammelten sie sich auf einem Freigelände und stiegen aus ihren Fahrzeugen. Die amerikanischen Soldaten standen vor ihren Panzern und wir Kinder reckten die Köpfe aus den Fenstern. Ob wir wohl zu ihnen gehen durften? Und wahrhaftig, die Amerikaner winkten uns heran. Es waren freundliche Menschen. Von ihnen bekam ich meinen ersten Schokoladenriegel. So etwas kannten wir vorher gar nicht. Insgesamt war es letztendlich eine friedliche Zeit mit den Amerikanern.

Frau Sch. aus Lich, aufgewachsen in Altenburg, Thüringen, Jahrgang 1932

Munition und Chewing gum

Ich habe miterlebt, als die Amerikaner im Mai 1945 kamen. Es hieß: »Die Amerikaner sind da!« Wir rannten einfach ins Dorf rein, denn wir Kinder hatten ja freien Lauf. Menschen vom Militär dagegen suchte man und nahm sie fest. Außerdem haben die Amerikaner einfach Häuser beschlagnahmt. Die Bewohner mussten dann raus, und die Amis richteten das Haus als Kommandostelle ein. Wenn nicht geschossen wurde, war das gut. Es gab ja auch Dörfer, wo irgendein Spinner rumgelaufen ist und geschossen hat. Uns Kindern gaben die Amis aber *chewing gum* und *chocolate*.

Ganz in der Nähe meines Elternhauses war die Stelle, an der sie die deutschen Soldaten entnazifiziert haben. Armbanduhren wurden konfisziert, Hakenkreuzfähnchen und -wimpel, auch Waffen und Munition. Die Munition wurde den Soldaten abgenommen und einfach zum Fenster rausgeworfen. Wir staunten. Ich schnappte mir flott einen Pistolengürtel mit zwei Pistolen und Munition dabei. Meine Beute versteckte ich zu Hause auf dem Hasenstall. Meine Mutter bemerkte mich. »Was hast du denn da?« – »Äh …«, konnte ich nur antworten. »Zeig mal, was du da hingelegt hast!« Also musste ich alles wieder herausholen – und natürlich zurück zum Waffenhaufen bringen.

Wir haben zur damaligen Zeit einfach mit den Waffen und der Munition gelebt. Es wurden beispielsweise in unserer Nähe Lkws abgeladen, die voller Granaten waren. Oder Munition und Gewehre haben rumgelegen. Ein Ami nahm uns das Gewehr zwar ab und schlug es mit dem Kolben gegen die Wand. Da war es kaputt, aber wir haben immer noch damit geschossen. Das war wie ein Spielzeug für uns. Also, es hätte mehr passieren können … Es ist auch mal passiert, dass Sprengkörper in die Luft geflogen sind und einem die Finger abgerissen haben. Unfälle waren an der Tagesordnung.

Herr H. aus Lich, aufgewachsen in Biblis, Jahrgang 1935

Das weiße Betttuch

Das Ende des Krieges fiel in die Zeit, als ich gerade mein Pflichtjahr beendete. Ich weiß noch, dass ich sehr krank war – ich hatte eine Rippenfellentzündung und lag mit hohem Fieber zu Hause im Bett. Als die Tiefflieger kamen, hätte ich eigentlich in den kalten Keller gemusst. Neben unserem Haus, an der Scheune, hatten wir einen Gewölbekeller, der mit Eisenträgern gebaut worden war und tief in die Erde ging. Den hatte mein Opa gebaut. Früher besaß man ja noch keinen Kühlschrank, und so wurden die Lebensmittel in unserem Keller gekühlt. Gleichzeitig war dieser Raum unser Luftschutzkeller.

»Das Kind kann nicht mit in den Keller kommen, es ist viel zu kalt dort drinnen«, sagte meine Mutter bestimmt. »Ei, dann mache ich was anderes«, erwiderte daraufhin mein Großvater. Also ging er auf den Dachboden, öffnete das Fenster und hängte ein weißes Betttuch hinaus – als Zeichen, dass wir uns ergeben würden. Und tatsächlich: Es ist kein Schuss gefallen auf unser Haus! Kein einziger Schuss. Wir wohnten auf einer Anhöhe und man konnte unser Haus – mit dem weißen Betttuch – von Weitem sehen. Und ich habe an diesem Tag getrost das Bett hüten können.

Frau O. aus Lich, aufgewachsen in Lauter,
Jahrgang 1930

Aus Anne Franks Tagebuch:
Samstag, 15. Juli 1944

Es ist ein Wunder, dass ich all meine Hoffnungen noch nicht aufgegeben habe, denn sie erscheinen absurd und unerfüllbar. Doch ich halte daran fest, trotz allem, weil ich noch stets an das Gute im Menschen glaube. Es ist mir nun einmal nicht möglich, alles auf der Basis von Tod, Elend und Verwirrung aufzubauen. Ich sehe, wie die Welt langsam mehr und mehr in eine Wüste verwandelt wird, ich höre immer stärker den anrollenden Donner, der auch uns töten wird, ich fühle das Leid von Millionen Menschen mit, und doch, wenn ich nach dem Himmel sehe, denke ich, dass alles sich wieder zum Guten wenden wird, dass auch diese Härte ein Ende haben muss und wieder Friede und Ruhe die Weltordnung beherrschen werden.

Inzwischen muss ich meine Ideale hochhalten; in den Zeiten, die kommen, werden sie dann vielleicht doch noch ausführbar sein.

Anne

Langsam ging es wieder bergauf

Die Nachkriegszeit

»An dem Gestern kannst du nichts mehr ändern,
das Morgen ist dir ungewiss, aber das Heute
nütze.«

AUS DEM POESIEALBUM EINER
ZEITZEUGIN

Überleben nach dem Krieg –
Loki Schmidt im Gespräch mit
Reinhold Beckmann

Wann hatten Sie das erste Mal Gewissheit, dass der Krieg bald zu Ende sein könnte?

Hamburg ist am 3. Mai zur offenen Stadt erklärt worden. Vorher hat es noch Schießereien mit den Engländern gegeben. Die Fischbecker Kaserne wurde geräumt. Trotz der Schießereien zog die Bevölkerung in die Kaserne und nahm alles mit, was nicht niet- und nagelfest war. Kleine englische Panzerspähwagen fuhren an der Stadtgrenze entlang. Wir lebten ja in Neugraben, also am südlichen Stadtrand. Über die Elbbrücke kam man nicht, denn die Engländer bewachten die Brücke. Eines Tages erschien ein Bauer aus dem Nachbarort und fragte: »Wohnt hier irgendwo eine Frau Schmidt? Ich habe hier einen kleinen Brief, den mir ein Freund gegeben hat. Er hat ihn wiederum von einem Freund, der gerade aus dem Gefangenenlager aus Belgien zurückgekommen ist.« Es war ein Zettel, zusammengefaltet, ein bisschen schmuddelig, weil er ja durch mehrere Hände gegangen war. Ein Brief von Helmut. Darin stand: »Gefangen genommen kurz vor Hamburg, nach Belgien, aber ich lebe.« Der

Brief war aus einem Lastwagen mit neuen Gefangenen geworfen worden.

[…]

Wie lange hat es dann noch gedauert, bis Ihr Mann aus dem Krieg nach Hause zurückkam?

Erst einmal wollte ich ja wieder anfangen zu arbeiten. Die Schulen waren zwar alle noch geschlossen, aber ich habe mich, als ich nach Hamburg kam, beim Oberschulrat Köhne gemeldet, von dem ich Ende Mai schon die Nachricht erhielt, ich möge bitte in einem Kinderheim zwischen Neugraben und Harburg – in den Schwarzen Bergen, heute Hamburger Gebiet – als Lehrerin anfangen. Dieses Kinderheim war etwas sehr Typisches für die Zeit. Ursprünglich war es einmal ein Heim für schwer erziehbare Kinder gewesen. Ein paar von ihnen waren auch noch da. Nun war es ein Sammelsurium. Die jüngsten Kinder waren zwei Jahre alt, die ältesten etwa vierzehn. Man begriff sehr schnell, was das für Kinder waren und woher sie kamen. Es waren Kinder, deren Mütter in Hamburg umgekommen waren bei den letzten Angriffen. Es waren Säuglinge und Kinder aus Flüchtlingszügen.

Fühlten Sie sich der Situation gewachsen?

Um die Zweijährigen brauchte ich mich weniger zu kümmern, ich war zuständig für alle, die ein bisschen größer waren. Da fragt man doch nicht, ob man der Situation gewachsen ist, da sind die Kinder, und hier bin ich, und nun mal los. Unterricht fand ohne Papier, ohne Buch, ohne Buntstift, ohne Bleistift, das heißt eigentlich nur mit dem Kopf statt. Was immer funktionierte, war, Geschichten zu erzählen. Plötzlich fielen mir, Gott sei Dank, auch viele Märchen wieder ein. Dann hockten sie da, es waren vielleicht zwanzig Kinder, und hörten zu. Was auch immer gut ging, war, gemeinsam zu singen.

Das waren die Tage und Wochen unmittelbar nach Kriegsende, nach dem 8. Mai, worüber wir jetzt reden. Aber Ihr Mann war noch nicht wieder da?

Von Helmut wusste ich nichts.

Gar nichts, keine Information, nichts? Es gab nach dem Brief, den er abgeworfen hatte, keine weitere Information, wo er war?

Nein. Sie können sich die Situation gleich nach Kriegsende nicht vorstellen. Ich hatte allerdings das beruhigende Gefühl, in Belgien in Gefangenschaft, das müsste eigentlich sicher sein.

Das klingt so, als ob sich die Sorgen dann doch in Grenzen hielten, Frau Schmidt?

Wenn Sie jeden Tag zwanzig Kinder mit traurigen Augen und halb verhungert vor sich sitzen haben, haben Sie keine Zeit, sich Sorgen zu machen. Wenn ich es fertigbrachte, die Kinder mal zum Lachen zu bringen oder vergnügt im Kreis oder auch mal Verstecken zu spielen und zu lachen, dann war ich ja schon glücklich.

Hatten Sie sonst noch Kontakte nach Hamburg hin, oder waren Sie da draußen auf sich allein gestellt?

Ich war allein und musste, um dort hinzukommen, über die Harburger Berge, das heißt, über den Geestrand von Neugraben bis dahin gehen. Das dauerte vielleicht eine Dreiviertelstunde, aber es war ein freundliches Jahr ohne Regen.

Wann gab es denn das erste Zeichen von Helmut?

Am 24. August, da kam er nämlich selbst.

Zwischendurch keine Nachricht? Und am 24. August stand er wo?

Am 24. August waren wir gerade dabei, uns ein bisschen was zu essen zu machen.

Wo waren Sie an dem Tag, am 24. August?

Bei meinen Eltern und meiner Schwester, da wohnte ich ja. Ich hatte allerdings, weil es reichlich eng in dieser kleinen Bude war, gerade Verbindung mit einem Ehepaar aufgenommen, das mir ein Zimmer vermieten wollte. Meine kleine Schwester war inzwischen aus der Kinderlandverschickung zurückgekommen, und wir hofften immer, dass auch mein Bruder wieder auftauchen würde, der Soldat war. Wir arbeiteten herum. Plötzlich höre ich unseren Familienpfiff. Da bin ich barfuß, so, wie ich war, losgelaufen.

Und plötzlich stand Helmut vor Ihnen und begrüßte Sie mit dem Familienpfiff?

Ditt-ditt-ditt-dütt-dütt-dütt. Das ist ein Stück aus einem Shanty. Das war der schmidtsche Familienpfiff.

Wie heißt das Shanty?

»Ich muss ein Schnäpschen haben, ist das nicht fei-fei-fein, nur der Branntwein, nur der Schnaps.« Aber so weit ging unser Pfiff nicht. Das erste Stück reichte. – Ich bin rausgelaufen, und da kam er – mit einer selbst genähten kurzen Hose aus Tarnstoff. Das Schönste war – das habe ich aber nicht gleich gesehen, die Hose interessierte mich zunächst nicht –, dass er da vorn, wo Männer einen Schlitz hatten – Reißverschluss gab es noch nicht –, so einen großen Knopf angenäht hatte. »Ja«, sagte er, »einen anderen Knopf konnte ich nicht finden.«

Die Hose hatte er sich selbst genäht?

Die hatte er sich mit grauer Strumpfwolle in dem Lager selbst genäht, aus Zeltstoff.

Wie sah er aus?

Wie Haut und Knochen. Die Gefangenen hatten zwar englische Verpflegung – es war ein englisches Lager in Belgien –, aber immer viel zu wenig. Ein bisschen Weißbrot und dünne Suppe. Also Haut und Knochen, aber vergnügt.

Ein besseres Leben?

Das Ende des Krieges habe ich noch gut in Erinnerung. Damals litt die Bevölkerung in den Städten großen Hunger. In Barmen, wo wir wohnten, hatten die Amerikaner mehrere Lkws abgestellt und die Soldaten verteilten daraus Lebensmittel und Dosen – die sogenannten Carepakete. Ich weiß noch, dass meine Mutter sagte: »Du kannst ruhig mal allein auf die Straße gehen.« Also wagte ich einen Gang nach draußen zu den Amerikanern und ihren Lkws. Als ich wieder nach Hause kam, fragte meine Mutter: »Und wie war es unten auf der Straße?« Wir hatten alle eine Dose Fleisch oder etwas Ähnliches bekommen – die hatte uns ein Amerikaner geschenkt. »Schön, Mama«, erwiderte ich und überreichte ihr meine Dose. »Der Soldat hat gesagt, wir sollen *ain bässer Läben haben als bishär*«, fügte ich hinzu mit dem Versuch, den amerikanischen Akzent nachzumachen.

Danach ging es wirtschaftlich ein kleines bisschen bergauf, allerding stand man überall furchtbar lange an, wenn man Lebensmittel kaufen wollte. Meine Mutter und ich verbrachten so manche Stunde in einer Einkaufsschlange. Aber wenigstens stellten sich die Deutschen immer schön geordnet hintereinander auf und warteten, bis sie an der Reihe waren. Auch für Wasser musste man anstehen. Hier in Wuppertal war ja bei den Luftangriffen unheimlich viel zerstört worden, auch viele Leitungen. Daher musste man sich das Wasser für den täglichen Gebrauch oft selbst organisieren. Ich weiß noch, dass meine Mutter Wasser in Einweggläsern aufbewahrte.

Als wir nach dem Krieg nach Wichlinghausen umzogen, ging ich dort weiter zur Schule. Zu dieser gab es die Quäkerspeisung, die von den Amerikanern bereitgestellt wurde. Wir Kinder mussten einen kleinen Henkelmann mit in die Schule nehmen, dann bekamen wir in der Pause die Quäkerspeise – eine Suppe oder irgendetwas anderes Flüssiges. Manchmal gab es auch ein Stückchen Brot dazu. Wenn wir nach Schulschluss nach Hause gingen – meistens waren wir zu dritt oder viert –, kamen wir an einigen kleinen Gärten vorbei. An einem der Gartenzäune stand täglich ein Mann, der auf die Schülerinnen und Schüler wartete. In der Hand hielt er eine Schüssel. »Habt ihr noch etwas in euren Henkelmännern?«, fragte er mit einem Ausdruck von Hunger in den Augen. Meistens hatten wir einen kleinen Rest unserer Schulspeisung übrig, den wir ihm in sein Schüsselchen füllen konnten. Im Sommer wollte er *uns* dann eine Freude machen und schenkte uns Johannisbeeren oder Stachelbeeren – das, was gerade bei ihm im Garten reif war. So

konnten wir uns gegenseitig helfen und eine kleine
Freude bereiten.

Frau F. aus Wuppertal, Jahrgang 1938

Ein Lied auf gebrochenen Saiten

Die Deutschen hatten in der ganzen Welt das Gesicht verloren. Ihre Häuser waren zerstört. Als sie von den Verbrechen in den Lagern hörten, waren viele verzweifelt. Viele haben wirklich nie etwas davon gewusst. In den ersten Jahren nach dem Krieg waren sie von Hoffnungslosigkeit gezeichnet, und die Heimkehrer hatten nichts mehr, wofür sie leben konnten. Ganze Familien waren ausgerottet, viele von den Angehörigen getrennt.

Freunde in Darmstadt hatten mir geholfen, das frühere Konzentrationslager dort zu pachten. Es war nicht groß, aber immerhin konnten 160 Flüchtlinge hier unterkommen. Im Nu war es gefüllt, und es standen noch viele Namen auf der Warteliste. Ich arbeitete mit dem Evangelischen Hilfswerk zusammen. Der Stacheldraht war verschwunden, ein heller Anstrich, Blumen und Gottes Liebe in den Herzen der Menschen hatten das schreckliche Lager in ein Heim verwandelt. Die Marienschwestern halfen, Pfarrer und die Mitglieder verschiedener Kirchen beteiligten sich am Bau von Häusern, und ich reiste und sammelte das nötige Geld.

Es wurde mit der Zeit immer schwerer, alle Flüchtlinge aufzunehmen, und so war das Lager bald überfüllt. In einigen Räumen wohnten mehrere Familien zusammen, viele ohne Vater; die waren im Krieg gefallen oder befanden sich noch in Gefangenschaft. Oft ging ich durch das Lager und sprach mit den einsamen, verzweifelten Leuten und versuchte, ihnen neue Hoffnung und Liebe zu geben.

In der Ecke eines großen Raumes saß eine ältere Frau.

Offensichtlich war sie neu im Lager. Sie teilte den Raum mit drei Familien und hockte wie ein gescholtenes Kind in ihrer Ecke. Ein viel zu großes, abgetragenes Kleid hing um ihren mageren Körper. Ihre Augen wanderten ziellos hin und her. Manchmal hielt sie sich den Kopf: Das Geschrei der Kinder musste ihr auf die Nerven gehen. Aber sie litt noch tiefer. Sie verzweifelte am Leben überhaupt.

Ich ging zu ihr hin, setzte mich neben sie und bat sie zu erzählen. Da hörte ich, dass sie Musikprofessorin am Dresdener Konservatorium gewesen war, vor dem Krieg. Nun hatte sie nichts mehr. Sie erzählte aber, dass ihr ein Pfarrer in der Stadt erlaubt habe, sein Klavier zu benutzen, und dass die Kinder von ein paar Bauern Unterricht haben wollten. Bis zur Wohnung des Pfarrers waren es jedoch ein paar Kilometer, die sie zu Fuß gehen musste, und dafür war sie zu schwach.

»Sie sind Musikprofessorin!«, rief ich begeistert, »und ich liebe so sehr die Musik Bachs!«

Für einen Augenblick wurde es in ihren Augen hell. »Würden Sie mich zu der Pfarrerswohnung begleiten?«, fragte sie mit großer Würde. »Es würde mich glücklich machen, wenn ich für Sie spielen dürfte.«

Obwohl wir einige Kilometer weit laufen mussten und ich sah, wie schwer ihr das fiel, hatte ich doch den Eindruck, dass Gott etwas Besonderes vorhatte.

Sie setzte sich an das Klavier. Es war zwar von Bomben verschont geblieben – vor dem Regen hatte man es nicht schützen können. Das Holz hatte sich geworfen, die Saiten lagen offen und hatten Rost angesetzt. Einige waren gerissen und hingen zwischen den anderen Saiten. Die Pedale waren gebrochen und das Elfenbein von fast allen Tasten entfernt. Ich konnte mir nicht vorstellen, dass diesem Instrument überhaupt noch Töne zu entlocken waren.

Die Frau sah auf. »Was möchten Sie gern hören?«, fragte sie. Ich sandte eine kurze Bitte zum Himmel. Wenn ich jetzt einen Fehler machte, konnte der Riss lebensgefährlich werden. Dann hörte ich mich sagen: »Ach – wenn es die *Chromatische Phantasie* von Bach sein könnte!«

Als ich es ausgesprochen hatte, erschrak ich. Wie konnte ich nur diese alte Frau bitten, dieses schwere Klavierstück auf einem so stark zerstörten Instrument zu spielen? Doch ich hatte meinen Wunsch kaum geäußert, als ich wieder das Licht in ihren Augen sah. Ein leichtes Lächeln spielte um ihren müden Mund. Sie nickte und griff in die zerstörten Tasten.

Ich traute meinen Ohren nicht. Als ihre geübten Finger über die Reste der Tasten liefen, gab das armselige Klavier Bachmusik von sich! Mir liefen die Tränen über die Wangen, als ich an das wunde Deutschland dachte, das nichts mehr hatte als seine Vergangenheit und wo es noch solche Musik gab! Ein solches Volk wird überleben, um Neues zu schaffen, dachte ich.

Als wir in das Lager zurückgingen, lag in den Schritten meiner Begleiterin eine neue Energie.

»Es ist lange her, seit ich zum letzten Mal die *Chromatische Phantasie* gespielt habe«, sagte sie. »Ich war früher Konzertpianistin. Viele meiner Schüler sind inzwischen berühmte Musiker geworden. Beim Angriff auf Dresden habe ich meine Wohnung verloren. Ich musste fliehen und konnte nichts mitnehmen«, sagte sie noch einmal.

»Nein, nein, das stimmt nicht. Sie haben das Beste mitgenommen, was Sie hatten.«

»Und das wäre?«, fragte sie erstaunt.

»Ihre Musik. Was in Ihrem Herzen ist, kann Ihnen niemand nehmen.« […]

Corrie ten Boom

Ab 1948 ging es aufwärts

Von 1945 bis 48 ging es unserer Familie wirtschaftlich noch ziemlich schlecht. Der Vater war in Gefangenschaft in Russland, die Mutter musste der Oma in der Landwirtschaft helfen, weil der Opa verstorben war. Solange sie dort aushalf, konnte sie nicht zur Arbeit gehen und Geld verdienen. Wir mussten glücklicherweise keinen Hunger erleiden. Denn wir hatten ja die Landwirtschaft und außerdem Eier. Und wenn ein Schwein geschlachtet wurde, teilten wir es in der Familie auf. Gehungert haben wir zwar nicht, aber Geld hatten wir auch nicht. Dieser Zustand dauerte von 45 bis 48, bis die Währungsreform kam. 1949 wurde ich konfirmiert und bekam zur Feier des Anlasses Geld geschenkt. Ich weiß noch, dass ich mir davon einen Bademantel kaufte.

Ab dem Sommer 1948 ging es aufwärts. Im Oktober 1948 kam endlich der Vater heim und konnte seine alte Arbeitsstelle wieder aufnehmen. Seit mein Vater wieder einen Verdienst hatte, verbesserte sich unsere wirtschaftliche Lage deutlich. Auch in den Läden konnte man nun wieder alles kaufen. Die Geschäfte waren mit der Einführung der D-Mark im Juni schlagartig aufgefüllt worden. Plötzlich war alles wieder da, was man lange entbehrt hatte.

Frau T. aus Lich, aufgewachsen in Oberfranken, Jahrgang 1934

Tauschgeschäfte und kaputte Schuhe

Als der Krieg zu Ende war, hatten viele Menschen in der Stadt die Sorge, ihre Familien mit ausreichend Essen zu versorgen. Auf dem Land gab es ja immer noch etwas. Wie Kartoffeln. Etliche Städter gingen in die Dörfer und verscheuerten ihr Silber für Esswaren.

In der Firma, in der ich später arbeiten sollte, ließ der Chef extra Produkte anfertigen – neben den Hauptprodukten Filter und Schalter –, mit denen die Leute aufs Land gehen konnten, um sie gegen Lebensmittel einzutauschen. So brauchte man nicht zu betteln. Das gab es zwar auch; überall hingen die Schilder »Betteln und Hausieren verboten« an den Haustüren. Mein Chef produzierte 1945 beispielsweise Aluminiumschüsseln. Vielen Leuten war ja das Geschirr kaputtgegangen und so war der Bedarf an Ersatz groß. Weiterhin hatte mein Chef die Idee, zwei alte Bratpfannen zusammenzuschweißen, eine Verschraubung oben daraufzusetzen und diese dann als Bettflasche zu nutzen. Es gab ja keine Heizungen in den Schlafzimmern und Bettflaschen waren damals noch üblich in jedem Haushalt. Solche Sachen hat er machen lassen und die konnten die Arbeiter dann in den Dörfern gegen Kartoffeln, Fleisch, Mehl oder Speck eintauschen.

Außerdem machten wir aus Autoreifen Sandalen und Schuhe, da es kaum Schuhe zu kaufen gab. Einmal jedoch sollte ich ein *neues* Paar Schuhe bekommen. Mein Vater tauschte einen Bezugsschein für Eisenkeile zum Holzspalten gegen eine Bezugsmarke für Schuhe. Also fuhren wir mit seinem Fahrrad – ich saß bei ihm auf der Stange – nach Bürstadt, um dort die Schuhe für mich zu kaufen. Die Brandsohle meines neuen Laufwerks bestand aus Pappdeckeln, nicht aus Leder, wie es heute üblich ist.

Kurz darauf besuchte ich ein Fußballspiel, bei dem es ziemlich wild zuging. Biblis trat gegen Bürstadt an und bei solchen Begegnungen gab es immer Schlägereien. Allerdings waren es die *Frauen*, die auf die Fußballer losgingen! Zwischen den beiden Gemeinden gab es ständig irgendeinen Dörferkampf. Während des Spiels regnete es außerdem in Strömen. Ich ging zwar unter eine Überdachung, aber das Wasser kam und kam – und ich stand mittendrin in einer großen Pfütze. Als ich heimkam, waren die Sohlen meiner neuen Schuhe abgefallen. Sie waren vollkommen durchgeweicht. Mein alter Herr wurde furchtbar wütend und hätte mich am liebsten übers Knie gelegt, aber ich sagte: »Es war halt der Regen!« Ich konnte ja nichts dafür. Wenn ich die Schuhe beim Fußballspielen kaputt gemacht hätte, dann hätte ich auf jeden Fall Prügel bezogen.

Nach der Währungsreform konnte man dann wieder alles bekommen. Ich behaupte allerdings, dass die Geschäfte auch schon vorher einiges gehabt haben, dies jedoch gegen Ware eintauschten, nicht gegen Geld. Denn das Geld – die Reichsmark – war zu dem Zeitpunkt nichts mehr wert gewesen.

Herr H. aus Lich, aufgewachsen in Biblis, Jahrgang 1935

Endlich zurück!

Die Rückkehr meines Vaters habe ich noch gut in Erinnerung. Es war Herbst 1948. Er kam mit dem Zug an, wir erwarteten ihn alle am Bahnhof – meine Mutter, mein Bruder und ich sowie seine Schwester. Als er uns sah, rief er: »Mei, seid ihr groß geworden!« Ihm war gar nicht bewusst, dass ich ja schon Konfirmandin war. Die halbe Kindheit hatte er nicht mitbekommen, meinen jüngeren Bruder nicht aufwachsen sehen. Mein Bruder fragte zuerst erstaunt: »Was will denn der Mann bei uns?« Wir hatten meinen Vater ungefähr vier Jahre lang nicht gesehen. Kurz vor Kriegsende war er nämlich

in Gefangenschaft gekommen und wir hatten zu dem Zeitpunkt nicht gewusst, ob er noch lebt oder nicht. Bis dann die erste Postkarte gekommen war. Und nun waren wir wieder vereint.

Einige Zeit zuvor war bereits der Sohn unserer Nachbarin aus der russischen Gefangenschaft zurückgekehrt. Das muss etwa 1947 gewesen sein, da sah ich ihn plötzlich auf der Straße entlanglaufen. »Der Rudolf kommt! Der Rudolf kommt!«, schrie ich aufgeregt und rannte sofort zur Nachbarin. Was habe ich mich gefreut! Endlich war der Rudolf wieder da! Er hatte immer Postkarten nach Hause geschrieben, wir erhielten auch ein paar von ihm. Oft schrieb er: »Mein Freund Unger ist immer bei mir.« Das sollte heißen: *Mein Freund Hunger ist immer bei mir.* Rudolf war ständig hungrig gewesen. In den Lagern hatte es nur dünne Krautsuppe gegeben. Sonst nichts. Aber jetzt war er wieder daheim.

Frau T. aus Lich, aufgewachsen in Oberfranken, Jahrgang 1934

Büro oder Kochtopf?

Als der Krieg zu Ende war, wurde alles anders. Ich hatte gerade meine Lehre als technische Zeichnerin beendet und meine Prüfung gemacht, da wurden die anderen Mädchen und ich allesamt entlassen. Der Grund dafür war die Rückkehr der Männer aus dem Krieg. Die ehemaligen Ingenieure und Mitarbeiter waren auf der Suche nach Arbeit und wollten ihre alten Arbeitsstellen natürlich wieder antreten.

Also standen wir Mädchen auf der Straße. Unser Chef war allerdings so anständig, dass er uns anbot,

auf Kosten der Firma Stenografie und Schreibmaschine zu lernen. Meine sieben Kolleginnen lehnten dieses Angebot ab – ich nahm es an. Ich durfte also in der Firma bleiben und arbeitete von nun an im Büro. Die allgemeine Einstellung war damals noch, dass die Frau an den Kochtopf gehört. Die Frauen seien für den Haushalt da, hieß es. Und die Männer mussten arbeiten gehen. Ich heiratete aber erst mit sechsundzwanzig Jahren, das war für die damaligen Verhältnisse sehr spät. Bis zu meiner Hochzeit blieb ich in meinem Beruf.

Frau B. aus Gummersbach, Jahrgang 1926

Wunderschöne Buntstifte

Nach dem Krieg zogen wir von Barmen nach Wichlinghausen, einem sehr schönen Stadtteil von Wuppertal. Dort wohnten wir bei meinen Großeltern, im Elternhaus meines Vaters. Mein anderer Opa – der Vater meiner Mutter – kam jeden Morgen von Barmen, um uns zu besuchen. Dann wartete er so lange, bis ich aus der Schule kam. Er freute sich immer, mich zu sehen. Und ich begleitete ihn dann mittags ein Stückchen, wenn er sich wieder auf den Heimweg machte.

Eines Tages wollte mir mein Opa eine besondere Freude machen. Es gab damals ja nicht viel zum Spielen. Ich hatte gebrauchte Spielsachen – einen Ball und eine Schildkröt-Puppe, die allerdings beim Barmer Angriff durch den Luftdruck stark beschädigt worden war. Mein Opa rauchte sehr gern Zigarillos. Dafür brauchte man jedoch eine Raucherkarte, man konnte sie – wie die anderen Lebensmittel auch – nicht einfach so kaufen. Irgendwo hatte er gehört, dass man seine Raucherkarten eintauschen konnte – gegen Buntstifte. Und so brachte er mir ein Päckchen Buntstifte mit. Es waren meine allerersten Buntstifte! Ich begleitete meinen Opa ganz schnell auf seinem Heimweg und lief dann schnurstracks nach Hause. Dort setzte ich mich hin, um meine neuen Stifte auszuprobieren. Aber die Dinger gaben überhaupt keine Farbe ab! Sie waren knochenhart. Wenn man sie ein bisschen nass machte, kam ein bisschen Rot oder ein bisschen Blau, aber malen konnte man damit nicht.

Als ich am nächsten Tag aus der Schule kam, war mein Opa bereits da. Seine erste Frage lautete: »Wie sind die Buntstifte?« Ich weiß noch genau, dass ich in diesem Augenblick zum ersten Mal bewusst gelogen habe. Ich hätte es nicht fertiggebracht, zu sagen: »Opa, die taugen überhaupt nichts!« Mein Opa hatte sich so gefreut, mir diese Buntstifte schenken zu können, da hätte ich es nicht übers Herz gebracht, ihn zu enttäuschen. Also sagte ich: »Sie sind wunderschön, Opa.«

Frau F. aus Wuppertal, Jahrgang 1938

Ein besonderer Urlaub auf Baltrum

Am 20. Juni 1948, als die D-Mark eingeführt wurde, waren meine Schwester und ich gerade auf der Insel Baltrum. Wir nahmen dort an einer Freizeit auf der Sonnenhütte teil. Unsere Eltern hatten gemeint, die Seeluft werde uns sicher guttun, und hatten uns für vierzehn Tage dorthin geschickt.

Das war die erste schöne und unbeschwerte Zeit, die ich erlebt habe – dort am Meer, mit den netten Leuten und den vielen Kindern. So etwas kannten wir gar nicht. Zufällig fiel die Währungsreform in unsere Urlaubszeit. Ich weiß noch, dass wir für unseren Urlaub viele Lebensmittel von zu Hause mitbringen mussten: Kartoffeln, Gemüse aus unserem Garten, Marmelade aus dem Vorratsschrank. Auf Baltrum gab es in einer Bäckerei das erste Brot zu kaufen. Ich habe immer noch diesen Geschmack im Mund von diesem frischen Brot und der schönen Marmelade – einfach köstlich. Und: Man konnte sich endlich sattessen! Mein Vater nutzte dann das Kopfgeld von vierzig D-Mark, das jeder bekam, um unsere Heimreise zu bezahlen.

Frau E. aus Enger, Jahrgang 1934

Der Schatz der Hausfrau

In der Nachkriegszeit war man als Hausfrau bestrebt, möglichst schönes Geschirr zu benutzen, hübsch den Tisch zu decken und den Haushalt ordentlich zu halten. Es war der Stolz der Familie, es zu Hause richtig schön zu haben. Man achtete besonders darauf, dass Werte wie Pünktlichkeit und Ordnung eingehalten wurden. Es war ja das erste Mal, das man gutes Geschirr besaß, weiße Teller mit Goldrand, und Silberbrokat. Auch Geschirrhandtücher, Decken oder Taschentücher wurden oft kunstvoll bestickt und mit dem jeweiligen Monogramm versehen. Das sah wunderschön aus und war der Schatz der Hausfrau!

Frau H. aus Lich, aufgewachsen in Frankfurt, Bergen-Enkheim, Jahrgang 1937

Willis Heimkehr

Einer der Transporte, die nach dem Krieg bis weit in die Fünfzigerjahre hinein Russlandheimkehrer über das Lager Friedland nach Deutschland zurückbrachten, erreichte im Dezember 1950 Walsrode. Ich war zu diesem Zeitpunkt in der dortigen Landeskrankenanstalt (LKA) beschäftigt. Von meinem Arbeitsplatz in der Telefonzentrale aus konnte ich am ersten Weihnachtstag unsere ehemaligen Ostfrontsoldaten beim Aussteigen beobachten, überwiegend Männer von vierzig bis fünfundvierzig Jahren, aber auch einige jüngere. Etliche waren so stark abgemagert, sie hätten wohl zweimal in die Wattejacken hineingepasst, die sie zur Entlassung erhalten hatten. Sie schienen sehr müde und auch psychisch am Ende zu sein. Die Augen dieser Männer waren leer.

Nun standen sie da und wussten nicht recht, wie es weitergehen sollte. Dass sie hier keiner anschrie und über sie bestimmte, dass sie keine Plennys – Gefangene – mehr, sondern frei waren, hatte wohl noch keiner richtig begriffen. Vielleicht warteten sie auf ein Kommando?

Stattdessen erschienen unsere Krankenschwestern und brachten alle Heimkehrer in die große Turnhalle, die man als Notunterkunft vorsorglich gut geheizt und mit Matratzen und Wolldecken ausgelegt hatte. Hier erhielten die Heimkehrer zu essen und zu trinken. Unsere Ärzte untersuchten sie anschließend.

Jahrelang hatten diese Männer in Russland kein Weihnachten mehr erlebt. Viele weinten. Fragen nach den Familienangehörigen tauchten auf. Alle wollten mit ihren Verwandten telefonieren. Die Mädchen in der Telefonzentrale der Post in Walsrode waren einmalig, sie brachten die tollsten Verbindungen zustande. Ich wurde Zeuge dieser Gespräche, ob ich wollte oder nicht. So erlebte ich viel Freude, viel Kummer und Leid mit.

Ein noch jung aussehender Heimkehrer stellte sich vor: Willi Mußmann sei sein Name. Ob er telefonieren dürfe.

»Natürlich«, sagte ich. Nach kurzer Zeit hatte ich die Verbindung hergestellt. Auf der anderen Seite meldete sich eine Männerstimme: »Tischlerei Mußmann, guten Tag.«

Ich stellte mich als Mitarbeiter der LKA Walsrode vor und fragte vorsichtig: »Sind Sie der Vater von Willi Mußmann?«

»Ja, der bin ich, aber was soll das? Mein einziger Sohn ist seit 1944 verschollen.«

Ich antwortete freudig: »Das stimmt nicht, Herr Mußmann. Ihr Sohn steht hier neben mir und will mir den Hörer aus der Hand reißen. Ich übergebe das Gespräch!«

Nach einer Weile reichte mir der Mann den Hörer ganz verstört zurück: »Mein Vater sagte, dass sein Sohn Willi nicht mehr lebt und meint, dass ich ein Betrüger sei. Aber ich lebe doch noch! Was soll ich nur machen?«

Er weinte und mir kamen auch schon die Tränen. Es war schlimm. Schließlich konnte ich ihn beruhigen und ließ ihn erzählen. Er sprach von seiner Kindheit in Winsen, von seiner Schwester Änni, die eines Tages vom Apfelbaum herunterfiel. Er bekam Schläge, weil er als älterer Bruder hätte aufpassen müssen. Wir unterhielten uns etwa eine halbe Stunde. Danach schien mir sicher, dass dieser Willi Mußmann echt und kein Betrüger sei. Wie konnte ich ihm nur helfen?

Zunächst schickte ich ihn in die Turnhalle zurück: »Du bekommst von mir Bescheid, beruhige dich erst einmal!«

Ich überlegte eine Weile und entschloss mich, nochmals bei Mußmanns anzurufen. Jetzt meldete sich auf der anderen Seite eine Frauenstimme: »Hier Tischlerei Mußmann!«

Sicher hatte mein Anruf für Aufregung gesorgt und so versuchte ich, die Wogen wieder zu glätten. Sie sagte: »Ja, das hat wirklich eine ziemliche Aufregung ins Haus gebracht. Vater war sehr aufgebracht, hat geschimpft und mehrfach ›Betrüger!‹ gerufen. Was ist denn überhaupt los?«

Ich fragte sie, ob sie die Schwester von Willi Mußmann sei, was sie bestätigte. Nun erklärte ich wie schon beim ersten Telefonat den Grund meines Anrufs. Aber auch sie zweifelte noch daran, dass es sich hier wirklich um ihren verloren geglaubten Bruder handelte. Wir überlegten gemeinsam, wie sich die Familie Gewissheit verschaffen könne, und vereinbarten, dass sie mit ihren Eltern nach Walsrode kommen sollte. Den Bruder informierte ich nicht über diese Absprache, es sollte eine Überraschung sein. Falls es sich um einen Betrüger handelte, würde man ihn anzeigen.

Zu Hause sprach ich mit meiner Frau darüber. Wir waren gespannt, wie diese Geschichte ausgehen würde.

Am nächsten Morgen, es war der zweite Weihnachtstag, stellte sich gegen zehn Uhr die Familie Mußmann bei mir in der Telefonzentrale ein. Gemeinsam mit Eltern und Tochter ging ich hinüber zur großen Turnhalle, wo die sechzig Heimkehrer untergebracht waren. Beim Hineingehen gab ich den traurigen Zustand der Heimkehrer zu bedenken.

Wir waren noch keine zwei Minuten in der Halle, als der junge Mußmann aufsprang. Er lief auf uns zu und rief dabei »Änni, Änni!«

Bruder und Schwester fielen sich in die Arme. »Mein Willi, mein Willi …«, brachte Änni hervor. Sie umarmten und küssten sich, beide weinten vor Freude. Ihren Eltern sagte Änni: »Mama und Papa, das ist unser Willi!«

Ich beobachtete die beiden. Sie standen da wie versteinert und sahen regungslos zu. Wollten sie nicht wahrhaben, dass dieser Mann ihr Sohn war?

Auf meine Frage antworteten die Eltern: »Das ist nicht unser Sohn. Unser Willi hat anders ausgesehen. Er war viel kleiner und von schmächtiger Gestalt, dieser Riese ist ein Schwindler!«

Wie ich inzwischen wusste, war Mußmanns Sohn mit sechzehn Jahren freiwillig zum Volkssturm gegangen. Damals war er 1,62 Meter groß und wog keine fünfzig Kilo. Willi geriet in russische Gefangenschaft. Die schwere Arbeit in einem sibirischen Bergwerk hatte ihn körperlich verändert. Der damals noch nicht ausgewachsene Junge hatte jetzt breite Schultern und eine stattliche Größe von 1,83 Meter.

Als Willi nun auf seine Mutter zuging, um sie in den Arm zu nehmen, wehrte diese ab und sagte: »Sie sind nicht mein Sohn. Sie sind ein Betrüger!«

Beide Eltern schüttelten den Kopf. Diese Dramatik – es war fürchterlich! Es ging auch mir unter die Haut! Ich glaubte, die Zeit stünde still. Als der Vater nun auch noch meinte: »Nein, das ist nicht unser Junge!«, war das Maß für mich voll. Ich mischte mich wieder ein und sagte: »Kommen Sie bitte mit, damit wir andernorts darüber verhandeln können.«

Willi Mußmann stand mit seiner Schwester im Arm ganz verstört da. Änni beharrte: »Ohne Willi gehe ich hier nicht weg, komme, was will!« Sie klammerte sich an ihren Bruder.

Nun redete die Mutter auf Änni ein: »Komm, mein Kind. Er ist nicht dein Bruder!«

»Doch, Mama, er ist es. Gerade hat er mir erzählt, wie ich damals vom Apfelbaum gefallen bin und wie Papa ihn verhauen hat. Er weiß auch, wo wir im Garten immer am liebsten gespielt haben!«

Es lag eine ungeheure Spannung in der Luft, und viele Heimkehrer standen schon um uns herum. Ich konnte die Eltern einfach nicht verstehen. Man muss doch sein eigenes Kind wiedererkennen, dachte ich.

Endlich stellte die Mutter Fragen an ihn, die nur ihr einziger Sohn beantworten konnte. Plötzlich wurde sie schneeweiß im Gesicht und fiel in Ohnmacht. Willi konnte seine Mutter gerade noch auffangen. Er küsste sie und sie kam wieder zu sich. »Er ist es, er ist es! Er ist mein Willi!«, rief sie glücklich und legte ihre Arme um seinen Hals.

Der Vater stand immer noch ungläubig dabei und stellte seinerseits Willi nun Fragen. Wo er in der Werkstatt am liebsten gespielt, an welchen Holzstützen er immer Nägel mit dem kleinen Hammer hineingeschlagen habe?

Als Willi dies alles richtig beantworten konnte, wischte der Vater sich mit der Hand über die Augen und gab zu: »Mudder, das ist doch unser Junge! Herrgott, ich danke dir, dass du uns unseren Sohn zurückgegeben hast!«

Er nahm seinen Sohn in den Arm, Willi hielt seine Mutter dabei fest umklammert. Änni weinte und lachte gleichzeitig vor Glück.

Während ich dies schreibe, erlebe ich alles noch einmal – die innere Anspannung, die heftigen Gefühle. Ich sehe die Mußmanns noch vor mir, wie sie alle vier glücklich die Halle verlassen. Sie ließen sich die Entlassungspapiere geben und nahmen den jungen Mann gleich mit nach Hause.

Am anderen Tag meldete sich Willi Mußmann noch einmal telefonisch bei mir. Ob er etwas vergessen habe, fragte ich. »Ja, ich habe gestern vor lauter Glück vergessen, mich von Ihnen zu verabschieden, auch Danke schön zu sagen! Ich bin so glücklich, wieder zu Hause zu sein. Vielen Dank für Ihre Hilfe! Alles Gute für Sie und Ihre Familie. Und einen guten Rutsch ins neue Jahr!«

Ich freute mich mit ihm. Damals war ich siebenunddreißig Jahre alt und Willi Mußmann nach fünfjähriger Gefangenschaft einundzwanzig. Heute müsste er also zweiundsiebzig oder dreiundsiebzig Jahre alt sein! Vielleicht führen seine Kinder die Tischlerei weiter, und es meldet sich immer noch jemand mit »Tischlerei Mußmann, guten Tag!«?

Ernst Haß

Von Fortschritt, Veränderung und Vergangenheitsbewältigung
Die Fünfziger und Sechziger

»Ernst bei der Arbeit, heiter beim Spiel, immer frisch vorwärts, so kommt man ans Ziel!«

AUS DEM POESIEALBUM EINER ZEITZEUGIN

Aus Alt mach Neu – der »New Look«

Als es nach der Währungsreform in Deutschland wieder Stoffe gab, wurde aus Amerika der »New Look« eingeführt. Meine Mutter bezog als Schneiderin Modezeitungen, die jeden Monat kamen. Wir durften darin blättern und uns ein Kleid oder eine Bluse aussuchen. Besonders meine ältere Schwester sagte oft begeistert: »Oh, Mama,  das möchte ich gern haben!« Und dann nähte meine Mutter das Kleidungsstück nach ihren Wünschen. Die Nähvorgaben waren amerikanisch, man konnte jedes Stück jedoch individuell gestalten. Später kam die Fertigmode auf – die Konfektion –, die sich meistens auch amerikanisch ausrichtete. Gleichzeitig wurde die Jeans immer beliebter. Die Fertigmode war einheitlich, der »New Look« dagegen sehr individuell. Es waren ganz schicke, ganz wunderschöne Sachen, die wir voller Stolz trugen. Und meine Mutter konnte sich dabei als Schneiderin so richtig verwirklichen und ihre Töchter mit hübscher Kleidung ausstaffieren.

Nach 1948 ging es eigentlich recht schnell, dass die Leute anfingen, sich besser zu kleiden. Man nutzte alte Kleidung und alte Stoffe, um daraus etwas Neues herzustellen. Auch die alten Wehrmachtsstoffe konnte man günstig erwerben. Daraus wurden oft Mäntel oder Kleider gemacht. Es wurde nichts weggeworfen. Ich bekam ein wunderschönes Konfirmationskleid, das Mutter aus einem Kleid meiner Großmutter nähte. Zuvor hatte sie das alte Kleid auseinandergeschnitten, um es schließlich nach einem neuen Schnittmuster zusammenzusetzen. Alte Kleidungsstücke wurden auch aufgeribbelt und die Oma strickte daraus hübsche Pullover für uns. Man achtete insgesamt wieder mehr auf die Kleidung und das Aussehen. Und das Schöne war, dass man kein anderes Mädchen in dem gleichen Kleid sah. Es war alles sehr schön individuell, bis sich die Konfektionsmode dann immer mehr verbreitete.

Frau E. aus Enger, Jahrgang 1934

Meine Freundin aus Amerika

Eine meiner besten Freundinnen wanderte einige Jahre nach dem Krieg mit ihrer Familie nach Amerika aus. Die Familie hatte hier alles verkauft und ganz neu angefangen in Indianapolis. Wir waren aber nach wie vor in all den Jahren die besten Freundinnen. In der ersten Zeit schrieben wir uns am laufenden Band Luftpostbriefe. Meine Eltern stöhnten zwar über das viele Porto, aber telefonieren war damals noch nicht möglich über die Distanz. Ein paar Mal kam meine Freundin zu Besuch in die alte Heimat und auch ich flog später zwei Mal in die Staaten, um sie zu sehen. Eigentlich haben wir uns hier in Deutschland nur drei Jahre lang gekannt – von 1949 bis 1952.

An einem Sonntag im Jahr 1952 begleitete ich meine Freundin und ihre Familie zum Oberbarmer Bahnhof. Sie fuhren mit dem Zug nach Bremen und nahmen von dort das Schiff nach Amerika. Fast vierzehn Tage waren sie unterwegs. Damals reiste man noch mit dem Schiff in die USA, nicht mit dem Flugzeug. Es gibt ein Foto von uns beiden: Wir stehen am Bahnsteig und man kann erkennen, dass uns die Tränen über die Wangen laufen. Wir dachten damals, wir sähen uns niemals wieder. An diesem Sonntag musste ich sehr häufig weinen und mein Vater sagte zu mir: »Kind, sie ist doch nicht aus der Welt, ihr seht euch noch mal wieder!« Damals glaubte ich aber wirklich nicht an ein Wiedersehen.

Der Familie ging es sehr schnell sehr gut in Amerika, da der Vater meiner Freundin die Bäckerei eines Verwandten übernehmen konnte und vor Ort – in Indianapolis – den deutschen Christstollen einführte. Das war dort natürlich etwas Besonderes und der Vater war sehr erfolgreich damit. Meine Freundin schickte mir dann häufig Päckchen, die unter anderem Nylonblusen enthielten. Solche Blusen gab es in Deutschland noch gar nicht und ich war unheimlich stolz darauf. Eines Tages – es muss ungefähr 1953 gewesen sein – schrieb sie mir, dass sie eine Dreiviertel-Hose habe, und fragte, ob sie mir auch eine schicken sollte. Ich antwortete ihr in meinem Brief: »Schicke mir die Hose *auf gar keinen Fall*! Ich kann doch nicht hier bei uns mit einer dreiviertellangen Hose herumlaufen!« Das wäre damals in unserem Land unmöglich gewesen. Außerdem konnte ich mir selbst auch nicht vorstellen, eine »kurze« Hose anzuziehen. In unserer Schule gab es sogar die Regel, dass wir zu einer Hose noch einen Rock tragen mussten! So hatte ich manchmal eine Hose an – und einen Faltenrock darüber.

Meine Freundin verzichtete also darauf, mir diese neumodische Hose zu schicken. Stattdessen versendeten wir weiterhin Luftpostbriefe von einem Land in das andere. Und unsere Freundschaft hat über all die Jahre und die Distanz hinweg gehalten.

Frau F. aus Wuppertal, Jahrgang 1938

Lederhose, Elvis-Tolle
und Miniröcke

Elvis Presley hatte eine besondere Frisur – eine Haartolle, dick gegelt. In dieser Zeit – der Elvis-Zeit – war diese Frisur unter Männern sehr modern, teilweise mit, teilweise ohne Scheitel. Der Scheitel wurde oft gezogen, um das restliche Haar dann schön in Wellen nach hinten legen zu können. Einmal kaufte ich mir auch ein solches Haargel und versuchte, meine störrischen Haare damit zu bändigen. Oft habe ich es aber nicht benutzt.

Fast jeder Junge hatte eine oder zwei Lederhosen. Die hielten eine ganze Zeit, denn sie hielten einiges aus. Die meisten Jungen trugen damals kurze Lederhosen. Das war die Mode der damaligen Zeit, der Fünfzigerjahre, obwohl wir dies nicht als Mode empfunden haben. Aber: Ein starker Junge hatte auch eine starke Lederhose. Das war so etwas wie ein Markenzeichen. Jungen, die die Lederhose ohne Träger tragen könnten, galten außerdem als besonders *starke Jungs*.

Die Jeans kamen erst später auf und waren anfangs als Nietenhosen sehr verpönt. Oft wurden sie auch abfällig als »Ami-Hosen« bezeichnet. Solch eine Beinbekleidung trug höchstens die »niedere« Schicht. Obwohl meine Eltern sehr arm waren,

wollten sie mit den Nietenhosen nichts zu tun haben. Deshalb besaß ich zunächst keine Jeans. Erst
später, als sich dieser Kleidungsstil in den Sechziger-
jahren immer mehr verbreitete, wanderte auch ein
Paar Jeans in meinen Kleiderschrank.

Bei den Mädchen und jungen Frauen spielten in
den Sechzigern die Miniröcke eine große Rolle, die
sogenannte Minirockmode. Besonders in christlichen Kreisen kam es zu gewaltigen Diskussionen,
wie kurz der Rock sein durfte, wie lang er gehen
musste. Viele christliche Gemeinden legten eine bestimmte Norm dafür fest – in Zentimetern von der
Kniescheibe an gemessen nach oben.

Nach dem Krieg hatten die Frauen überall noch
Röcke getragen. Danach gab es einen langsamen
Umschwung vom Rock zur Hose, auf dem Land
viel später als in den Städten. Hosenmode für Frau-
en war anfangs noch etwas sehr Besonderes. Inte-
ressanterweise wurden Hosen zu ganz besonderen
Anlässen, beispielsweise zu Theaterbesuchen, getragen. Es gab nicht nur das lange Kleid, sondern
ebenso den Hosenanzug für die Frau. Dies war der
Einstieg der Damen-Hosenmode. Zum Arbeiten
wurde der Rock angezogen, bei besonderen Anlässen die Hose. So war es jedenfalls in Wuppertal
üblich.

Meine Mutter verrichtete ihre Hausarbeit ausschließlich in einem Kittel oder einer Schürze. Der

Kittel war damals typisch für die Alltagsmode der Hausfrauen.

Herr V. aus Marienheide, aufgewachsen in
Wuppertal, Jahrgang 1945

Mein erstes Auto – eine Isetta!

1953 besuchte mich eines Tages mein Freund und meinte: »Komm, wir machen jetzt den Führerschein.« Da waren wir gerade achtzehn Jahre alt. Auf den Kreisämtern gab es eine Polizeidienststelle, die nahm Führerscheine ab. Damals gab es keine Fahrschulen, man machte einen landwirtschaftlichen Führerschein. Das war der Führerschein der Klasse 4, der für Fahrzeuge aller Art galt bis 250 Kubikmeter Hubraum. Man musste keine Fahrstunden dafür nehmen. Mein Vater sagte daraufhin wortwörtlich zu mir: »Für was brauchst du in deinem Leben einen Führerschein?«

Dieser Führerschein kostete bei uns 1,30 D-Mark. Das war örtlich verschieden. Um ihn zu bekommen, lief es folgendermaßen ab: Man musste ein Passbild mitbringen, ein Führungszeugnis und musste sich ein Formular kaufen. Das hat man dann ausgefüllt und abgegeben. Insgesamt wurden mit meinem Freund und mir 105 Führerscheine an diesem Tag abgenommen. Und so hatte ich meinen Führerschein.

Zuerst kaufte ich mir eine Zündapp und wollte mir später ein BMW-Motorrad zulegen. Mein Vater sah dies sehr, sehr kritisch. Eigentlich hatte man damals für so etwas kein Geld. Aber mit der

Wirtschaft ging es ja gerade steil bergauf und ich hatte einen guten Arbeitsplatz als Schlosser, machte zudem Nachtschichten. Aber auch mein Freund sagte: »Du spinnst doch. Kauf dir ein Auto, dann hast du beim Fahren ein Dach über dem Kopf.« Er selbst fuhr eine Isetta. Nun hatte ich das Motorrad allerdings schon über eine Werkstatt im Nachbarort bestellt. »Wir rufen jetzt in der Werkstatt an und verhandeln mit denen«, schlug mein Freund vor. Ich ließ mich auf den Vorschlag ein und es war tatsächlich möglich, die Bestellung rückgängig zu machen und statt des Motorrads eine Isetta in Auftrag zu geben. Wir konnten sogar noch 50 D-Mark raushandeln. Das Motorrad hätte 1.250 D-Mark gekostet – eine sehr hohe Summe für uns zur damaligen Zeit. Aber die Isetta kostete 1.650 Mark, also nur 400 Mark mehr. Und es war ein *Auto*, ich hatte ein Dach über dem Kopf. Also kaufte ich mein erstes Auto, die Isetta von BMW.

Das Besondere an der Isetta war, dass sich die Tür nach vorne öffnen ließ. Man stieg auch durch diese Fronttür in das Fahrzeug. Außerdem befand sich die Schaltung auf der linken Seite. Als ich meinen neuen Wagen abholte, begleitete mich mein Freund und übernahm die erste Fahrstrecke von der Werkstatt nach Hause. Er zeigte mir, wie man den Wagen bediente, und schließlich übernahm ich das Steuer meines allerersten Autos. Das war im

Jahr 1958. Die Isetta bin ich dann mehrere Jahre lang gefahren. Drei Jahre später kam unsere älteste Tochter auf die Welt. Wir besorgten uns einen zusammenklappbaren Kinderwagen, der ins Auto passte, sowie einen Kofferboy, den wir aufs Dach schnallten, und reisten so an jedem Wochenende zu unseren Eltern.

Ich weiß noch, dass ich mit der Isetta sogar Lkws überholt habe. Wir waren immer sehr schnell damit unterwegs. Sie lief zwar nur achtzig, aber es gab nie Stau. Den Berg runter lief sie fünfundachtzig, da wurde der Motor auch deutlich lauter und meine Frau sagte dann immer: »Fahr nicht so schnell!«

Im November 1961 hatte ich einen Unfall, als ich von Worms heimfuhr Richtung Viernheim. Da wurde ich von einem amerikanischen Raketenfahrzeug gerammt. Die Amerikaner waren in Mannheim stationiert und hatten im Viernheimer Wald ein Lager. Von dort aus sollte eine Rakete abgeholt und transportiert werden. In einem Konvoi fuhren die Amerikaner gerade aus dem Wald raus, während ich auf der Landstraße unterwegs war. Der Transporter mit der Rakete schnitt mir den Weg ab. Ich bin zwar schnell auf die linke Spur ausgewichen, doch das lange Fahrzeug erwischte mich trotzdem hart. Ich flog in den Wald, überschlug mich und als das Bodenblech gegen einen Baum krachte, sprang die Tür auf und ich wurde rausgeschleudert – zum

Glück auf den weichen Waldboden in die Herbst-
blätter. Das rettete mir das Leben. Ich kam mit ein
paar Kratzern davon. Die Leute, die zum Unfallort
kamen, fragten sofort: »Wo ist denn der Tote?« Das
Auto hatte einen Totalschaden, aber mir war nichts
passiert. Es ist dann alles abgewickelt worden über
das Amt für Verteidigungslasten. Da gab es extra
ein Budget für Manöverschäden. Ich bekam eine
neue Isetta. Auf das Geld musste ich zwar lange
warten, aber einige Zeit später wurde es mir dann
doch zurückerstattet.

Herr H. aus Lich, aufgewachsen in Biblis,
Jahrgang 1935

Der erste große Erfolg –
die WM 1954

1954 – da war ich zwanzig Jahre alt – besuchten wir Verwandte und schauten uns gemeinsam das Endspiel der Fußballweltmeisterschaft an. Damals hatte ich einen Verehrer, der Fußballer war und regelmäßig Fußball spielte. Ab und zu begleitete ich ihn auf den Sportplatz und interessierte mich ein wenig für Fußball. Das Spiel am 4. Juli 1954 war ein großes Ereignis. Ich weiß noch, wie sie alle jubelten. Die deutsche Mannschaft hatte die Weltmeisterschaft gewonnen! Endlich hatten die Deutschen wieder etwas erreicht und wurden nicht immer bloß niedergedrückt. Dies war der erste große Erfolg.

Frau T. aus Lich, aufgewachsen in Oberfranken,
Jahrgang 1934

Vom Osten in den Westen –
ein großer Schritt

Die kleine Stadt in Ostdeutschland, Ruhla, in der ich als Organistin und Religionslehrerin tätig war, hatte ein paar Besonderheiten. Es war eine Gemeinde, die aus zwei Teilen bestand. Ein Bach floss mitten durch den Ort, der sogenannte Erbstrom. Auf der einen Seite des Baches gehörte die Stadt zum Herzogtum Coburg-Gotha, die andere Seite gehörte zu Weimar-Eisenach. Beide Stadtteile hatten getrennte Schulsysteme, getrennte Pfarrhäuser und Kirchen sowie verschiedene Bürgermeister.

Was die Geschichte der Kirchen angeht, war zuerst die Kirche des Herzogtums Coburg-Gotha gegründet worden, die von beiden Stadtteilen genutzt wurde. Im Mittelalter kam es dann zu einem heftigen Kirchenstreit und so durften die Weimar'schen diese Kirche nicht mehr besuchen. Daraufhin wollten sie ihr eigenes Kirchengebäude bauen, fanden jedoch keinen passenden Bauplatz. Das Tal war zu eng. Schließlich entdeckten die Bauleute einen Platz, auf den eine Kirche passte – und zwar eine Winkelkirche. Somit wurde die St. Concordia, eine der seltenen Winkelkirchen Deutschlands, errichtet.

Die Kirche stellte einen Kantor an, der den Kirchenchor leitete und Orgel spielte. Auf der anderen Seite – in Coburg-Gotha – gab es keinen Organisten, die Kirche wurde aber von diesem Kantor mitbetreut. Und so bekam ich meine Anstellung dort als Organistin und Leiterin des Kinderchors. Das war eine spannende Zeit!

In dieser Kirchengemeinde lernte ich bald darauf meinen Mann kennen. Seine Eltern kannte ich schon, bevor ich ihn traf. Sie waren sehr engagiert in der Kirche. Ihr Sohn – mein zukünftiger Mann – war nach dem Krieg verschollen. Seine Eltern haben sehr um ihn gebangt, sie wussten nichts über seinen Aufenthaltsort. Erst viel später – nach acht langen Jahren – erfuhren sie schließlich, dass er in der berüchtigten Haftanstalt in Bautzen gelandet war, wo er von den russischen Besetzern festgehalten wurde. Durch den regelmäßigen Kontakt zu den Eltern habe ich dieses Bangen und diese Unsicherheit um den Sohn sehr stark miterlebt.

Er kam 1955 endlich nach Hause, nachdem Adenauer in Moskau gewesen war und sich für die Befreiung aller Gefangenen eingesetzt hatte. Da ich mit der Familie schon lange verbunden war, lernten mein Mann und ich uns im Kreis der Familie kennen und begannen eine »kleine« Beziehung, noch nichts Festes. Er hatte seine Zeit in der Gefangenschaft in Bautzen nur schwer verdauen können und war nervlich sehr angeschlagen. Die Kirchengemeinde war ein Rückzugsort für ihn, vor jeder Uniform und vor den Russen, die bei uns zu dieser Zeit noch durch die Straßen liefen, war er jedoch in Ängsten. Aus diesem Grund erbat er sich eine Genehmigung, um aus dem Osten ausreisen zu können. Das war nicht einfach, aber er hat es geschafft.

Obwohl wir nun getrennt waren, pflegten wir eine rege Brieffreundschaft, wussten allerdings nicht so recht, was nun mit uns wird. Ich hatte meinen Beruf als Organistin, ich hatte meine Verwandtschaft, meine Familie, meine Freunde. Wir sahen uns aber ein paar Mal im Urlaub, wenn ich meine Schwester, die in Düsseldorf lebte, besuchte. Dort trafen wir uns und mein Mann wollte gern eine feste Verbindung eingehen. Ich konnte mich ganz schlecht entscheiden, weil ich mir damals sicher war, meinen Beruf in Düsseldorf nicht ausüben zu können.

Doch nach etwa zwei Jahren war ich bereit, in den Westen zu gehen – allerdings unter der Bedingung, eine Wohnung und einen Beruf dort zu haben. Und nun kommt die Geschichte, wo ich sage: »Mein Leben ist geführt worden.« Denn in Düsseldorf wohnte inzwischen eine Bekannte von mir, meine ehemalige Seminarleiterin aus Altenburg. Sie war mittlerweile Oberin des Kaiserswerther Verbandes in Kaiserswerth, dieser riesigen diakonischen Anstalt. Ich stattete ihr einen Besuch ab und schüttete ihr mein Herz aus, dass ich verliebt sei, aber keine Möglichkeit sähe, hier im Westen meine Arbeit auszuüben. Daraufhin antwortete sie mir: »Ich kenne Sie. Bei uns in Düsseldorf können Sie immer Arbeit finden.« Und so wechselte ich dann über vom Osten in den Westen.

Ich reichte wieder mal einen Urlaubsantrag ein, um meine Schwester zu besuchen. Doch diesmal sollte ich nicht zurückkehren. Es war 1957, genau vor sechzig Jahren, als ich die Koffer packte und schweren Herzens loszog. Eine Urlaubsreise war damals noch möglich, die Schwierigkeit war jedoch, dass niemand im Osten etwas von meinem wahren Vorhaben wissen durfte. Und genauso geschah es dann auch: Niemand erfuhr von meinen Plänen, außer meiner Mutter und dem Oberkirchenrat, den ich darüber informieren musste, dass ich meinen Arbeitsplatz aufgab. Ich hatte meine Abreise genau geplant. Am 29. September 1957 veranstalteten wir in Ruhla ein Kirchenkonzert. Auf den Programmen und Werbeplakaten stand groß und breit mein Name. Ich sang und spielte also am 29. September auf dem Konzert und verließ am Tag darauf, am 30. September, meine Heimat. Keiner hatte etwas geahnt. Meine Mutter war zu Besuch bei mir, angeblich nur wegen des Konzertes. Aber natürlich wollte sie sich von mir verabschieden.

Es war ein sehr großer Schritt, alles hinter mir zu lassen. So viel geweint wie damals habe ich selten. Auch die Fahrt in den Westen war schrecklich. Aber als mein Mann mich in Empfang nahm, sagte er sofort: »Am 2. Oktober habe ich Geburtstag und wir werden uns an diesem Tag verloben! Und zwar – in Paris!«

In den folgenden Jahren fuhr ich in regelmäßigen Abständen in den Osten und konnte die Verbindung zu meiner Familie und meinen Freunden somit aufrechterhalten. Mein Mann besuchte den Osten niemals wieder. Meine Reisen fanden vor dem Mauerbau statt. Dies war eine kleine Sicherheit, da man mich daher nicht dort festhielt. Was eine Schwierigkeit darstellte, war, dass man ausschließlich mit einer Genehmigung reisen konnte und dass wir alle unsere »Leute« drüben hatten,

mein Mann und ich. Bei unserer Hochzeit beispielsweise war von der Verwandtschaft nur meine Schwester aus Düsseldorf mit ihrem Mann an-
wesend – sonst niemand! Doch das war nicht so
schlimm. Schlimm war, als die ältere Generation
zum Sterben kam. Man konnte sich einfach nicht
kümmern, man konnte sie nicht pflegen, man
konnte sie nicht besuchen. Das war eine schwierige
Zeit.

In den sechzig Jahren, in denen ich jetzt im Westen bin, habe ich mir noch mal ein völlig anderes
Leben hier aufgebaut. Ich übte jedoch weiter meinen Dienst als Organistin in den Gemeinden aus,
ich hatte Stellen im Ruhrgebiet, in Wuppertal, und
später dann in Hessen.

Frau Sch. aus Lich, aufgewachsen in Altenburg,
Thüringen, Jahrgang 1932

Der Tag, an dem die Mauer gebaut wurde

Im Alter von siebzehn Jahren habe ich regelmäßig meine ältere Schwester besucht. Sie ist fast achtzehn Jahre älter als ich, war damals bereits verheiratet und hatte drei Kinder. Ich fuhr mit dem Bus bis zu ihrer Wohnung nach Solingen und verbrachte anschließend das Wochenende im Kreis der Familie.

An einen Sonntag kann ich mich noch sehr genau erinnern: Es war der 13. August 1961 – der Tag, an dem die Mauer gebaut wurde. Wir hatten morgens das Radio angestellt und in den Nachrichten gehört, dass in Ostdeutschland gerade eine Mauer entlang der Grenze errichtet wurde. Den ganzen Tag hielten wir das Gerät angeschaltet und lauschten gebannt, was im Osten geschah. Keiner wusste ja, wie die Alliierten reagieren würden, ob es eventuell Krieg geben würde. Die Kriegsangst lag auf den Menschen wie eine riesige Last und deshalb fieberten alle mit, als sie in den Nachrichten über den Mauerbau informiert wurden.

Der Hauptteil der Mauer wurde an diesem Tag aus Fertigteilen hochgezogen, die man zuvor vorbereitet hatte und die dann mithilfe von Lkws und Kranen aufgebaut wurden. Es war zwar eine Geheimaktion, im Vorfeld hatte es allerdings bereits geheißen: »Wer weiß, wie lange die Grenze noch offen ist!« Es hatte also eine Ahnung gegeben. Ich weiß noch genau, dass in den Wochen vor dem Mauerbau die Zeitungen voll waren mit Zahlen von DDR-Flüchtlingen, die die damals noch offene Grenze in West-Berlin überschritten hatten. Dies wurde hier oft als Propaganda genutzt: »Schaut mal, wie viele Menschen Tag für Tag zu uns in den Westen kommen!« Die Zahlen standen ganz dick in der Zeitung. Täglich kamen Tausende von »drüben« und dem musste natürlich ein Riegel vorgeschoben werden vonseiten der DDR aus. Deshalb wurde die Mauer gebaut.

Dieser Sonntag, der 13. August 1961, war jedenfalls ein sehr spannender Tag, den wir größtenteils vor dem Radio verbrachten. Ein Tag, den ich bis heute nicht vergessen habe.

Herr V. aus Marienheide, aufgewachsen in
Wuppertal, Jahrgang 1945

Darüber wurde nicht gesprochen

In den Fünfzigerjahren wurden die junge deutsche Geschichte und die »Judensache« nicht thematisiert in den Schulen. Darüber wurde nicht gesprochen.

Im Nachhinein habe ich es den Lehrern sehr übel genommen, dass diese Themen unter Verschluss gehalten wurden. Wenn man Geschichten dazu hörte, hieß es, sie seien übertrieben. Es war schlimm, was alles verdeckt und verschwiegen wurde, was uns Kindern *nicht* vermittelt wurde. Ich glaube, dass viele gar nicht begreifen konnten, was im Krieg alles geschehen war – die Kriegsgeschehnisse und die Verbrechen an den Juden waren irgendwie zu unfassbar, als dass man sie hätte glauben können. Andere sagten: »Das hat nie stattgefunden.« Heute gibt es ja immer noch Leugner, die behaupten, den Holocaust habe es überhaupt nicht gegeben. Ich finde das schlimm. Wahrscheinlich wurde in den Familien solcher Menschen dieses Thema konsequent ignoriert oder nicht für wahr gehalten. Früher gab es ja noch nicht all die Medien und die Berichterstattung. Die meisten Informationen wurden einfach von Mund zu Mund überliefert.

Ich weiß von einem Juden aus dem Ruhrgebiet, der nach Kriegsende seinen alten Stammtisch be-

suchte und mit folgenden Worten begrüßt wurde:
»Och, bist du auch wieder da? Wo hast du dich
denn rumgedrückt?« Als er antwortete: »Ich war
eingeloch im KZ«, sagten seine Kumpanen: »Jetzt
willst du aber wichtigmachen. Du hast dich doch
bloß vor dem Krieg gedrückt!«

Anfang der Sechzigerjahre wurden die Kriegs-
themen dann endlich angesprochen, es wurde allerdings nichts dramatisiert. Meinen Eltern war immer bewusst gewesen, was damals mit den Juden
passiert war und was ihnen im Krieg angetan worden war. Als der israelische Staat gegründet worden
war, hatten meine Eltern gesagt, dies sei der Beweis,
dass sich Gottes Geschichte mit dem Volk Israel be-
wahrheite.

Frau E. aus Enger, Jahrgang 1934

Liebet eure Feinde

In einer Kirche in München sah ich ihn – den kahlköpfigen, schweren Mann im grauen Mantel, einen zerdrückten braunen Filzhut in den unruhigen Händen. Die Leute drängten aus dem Kellerraum, in dem ich gerade gesprochen hatte. Langsam bewegten sie sich an den Stuhlreihen entlang auf die Tür zu.

Gottes Vergebung war die Wahrheit, die die Menschen in diesem ausgebombten Land am dringendsten brauchten. Nun benutze ich in meinen Predigten häufig Bilder, um bestimmte Wahrheiten besser erklären zu können. Und weil die See in der Vorstellungswelt eines Holländers einen ganz beträchtlichen Raum einnimmt, hatte ich den Leuten gesagt, Sündenvergebung bedeute, dass die Sünden ins Meer geworfen würden, und zwar dort, wo es am tiefsten sei. »Wenn wir unsere Sünden bekennen«, sagte ich, »dann wirft sie Gott in die Tiefe des Meeres, und zwar endgültig. Und wenn ich auch in der Bibel keinen Anhaltspunkt dafür finde, glaube ich doch, dass Gott dort eine Boje hinsetzt, auf der steht: Fischen verboten.«

Kein Lächeln antwortete mir. Ich blickte in ernste Gesichter, und ich fragte mich, ob sie den kleinen Scherz überhaupt verstanden hatten. 1947 wurde in Deutschland nach einer Predigt niemals eine Frage gestellt. Still standen die Leute auf, still hüllten sie sich in Mäntel und Tücher und verließen den Raum.

Und da sah ich ihn, wie er sich gegen den Strom der anderen durcharbeitete. Ich sah den Mantel und den braunen Hut – und im nächsten Augenblick eine blaue Uniform und ein Käppi mit dem Totenkopf und den gekreuzten Knochen. Da stand ich wieder in dem großen Raum mit dem schmerzend hellen Licht; dem Haufen von Kleidern und Schuhen in der Mitte des Raumes. Die Scham, nackt an diesem Mann vorbeigehen zu müssen! Ich sah die gebrechliche Gestalt meiner Schwester vor mir; die Rippen zeichneten sich scharf ab; die Haut wie Pergament. Betsie, wie dünn bist du geworden!

Das war in Ravensbrück, und der Mann, der Mühe hatte, bis zu mir durchzudringen, war Wärter gewesen – einer der grausamsten Wärter im Lager.

Nun stand er vor mir mit ausgestreckter Hand. »Eine gute Botschaft, Fräulein!«, sagte er. »Wie gut ist es doch, dass, wie Sie sagen, alle unsere Sünden auf dem Grund des Meeres liegen!«

Und ich, die so eindrücklich über Vergebung gesprochen hatte, machte mir an meinen Notizen zu schaffen, um seine Hand nicht nehmen zu müssen. Er würde sich an mich nicht erinnern, natürlich nicht; wie hätte er sich an eine Gefangene unter den Tausenden von Frauen erinnern können?

Aber ich erinnerte mich an ihn und an die Lederpeitsche, die in seinem Gürtel steckte. Ich stand vor meinem Peiniger, vor meinem Sklavenhalter. Mein Blut gefror.

»Sie erwähnten Ravensbrück in Ihrer Predigt«, sagte er. »Ich war Wärter dort.«

Nein, er erkannte mich nicht.

»Aber das ist vorbei«, fuhr er fort. »Ich bin Christ geworden. Ich weiß, dass Gott mir alle Grausamkeiten, die ich dort getan habe, vergeben hat. Aber ich möchte es auch noch aus Ihrem Mund hören, Fräulein« – wieder streckte er mir seine Hand entgegen –, »können Sie mir vergeben?«

Da stand ich nun – ich, der Sünden wieder und wieder vergeben wurden – und konnte es nicht! Betsie war dort gestorben – konnte er ihren langsamen, schrecklichen Tod ausradieren einfach mit dieser Bitte?

Es können nur ein paar Sekunden gewesen sein, dass er dastand mit seiner ausgestreckten Hand, aber für mich waren es Stunden, denn ich musste mit der schwierigsten Sache fertigwerden, mit der ich es je zu tun gehabt hatte.

Denn ich musste es tun. Ich wusste das. Die Botschaft von der Vergebung Gottes hat eine entscheidende Voraussetzung: dass wir denen vergeben, die an uns schuldig geworden sind. »Wenn ihr den Menschen ihre Übertretungen nicht vergebt«, sagt Jesus, »wird auch der Vater im Himmel euch eure Übertretungen nicht vergeben.«

Das wusste ich – nicht nur als Gebot Gottes, sondern auch aus täglicher Erfahrung. Seit dem Ende des Krieges unterhielt ich in Bloemendaal das Heim für Opfer des Naziregimes, und gerade dort konnte ich es doch mit Händen greifen: Nur die, die ihren früheren Feinden vergeben konnten, waren in der Lage, zurückzufinden und neu anzufangen, gleich in welchem körperlichen Zustand sie sich befanden. Wer seine Bitterkeit pflegte, blieb Invalide. Das war ebenso einfach wie schrecklich.

Und ich stand da mit meinem kalten Herzen. Aber Vergebung ist kein Gefühl – das wusste ich auch. Vergebung ist ein Akt des Willens, und der Wille kann ohne Rücksicht auf die Temperatur des Herzens handeln.

»Jesus, hilf mir«, betete ich leise. »Ich kann meine Hand heben. Das wenigstens kann ich tun. Das Gefühl musst du dazutun.«

Hölzern, mechanisch legte ich meine Hand in die ausgestreckte Hand des Mannes. Als ich es tat, geschah etwas Unglaubliches. Die Bewegung entstand in meiner Schulter, sie strömte in meinen Arm und sprang in die umschlossene Hand. Und dann schien diese heilende Wärme mein ganzes Sein zu durchfluten. Tränen kamen mir in die Augen.

»Ich vergebe dir, Bruder«, weinte ich. »Von ganzem Herzen.«

Einen langen Augenblick lang hielten wir uns die Hände, der frühere Wärter und die frühere Gefangene. Ich hatte Gottes Liebe noch nie so intensiv erlebt wie in diesem Augenblick. Aber mir war auch klar, dass es nicht meine Liebe war. Es war die Kraft des Heiligen Geistes, von dem es in Römer 5,5 heißt: »... weil er uns den Heiligen Geist geschenkt hat, der unsere Herzen mit seiner Liebe erfüllt.«

Corrie ten Boom

Quellenverzeichnis

Anne Frank, Mittwoch, 8. Juli 1942, in: dies., Das Tagebuch
der Anne Frank, Bertelsmann Lesering, Gütersloh 1958,
S. 25–28 © Rechtsnachfolger Lambert Schneider.

Anne Frank, Dienstag, 7. März 1944 (Auszug), in: dies., Das
Tagebuch der Anne Frank, Bertelsmann Lesering, Gü-
tersloh 1958, S. 194 und 195 © Rechtsnachfolger Lambert
Schneider.

Anne Frank, Samstag, 15. Juli 1944 (Auszug), in: dies.,
Das Tagebuch der Anne Frank, Bertelsmann Lesering,
Gütersloh 1958, S. 294 © Rechtsnachfolger Lambert
Schneider.

Ernst Haß, Willis Heimkehr, in: Jürgen Kleindienst (Hg.),
Deutschland – Wunderland, Neubeginn 1950–1960.
© Zeitgut Verlag GmbH, Berlin 2009, S. 53–57.

Erich Kästner, Mein erster Schultag, Auszug aus: Riesenwel-
len und Zuckertüten, in: ders., Als ich ein kleiner Junge
war. © Atrium Verlag AG, Zürich 1957.

Erich Kästner, Spätes Verständnis, Zitat aus: Lehrer, Lehrer,
nichts als Lehrer, in: ders., Als ich ein kleiner Junge war.
© Atrium Verlag AG, Zürich 1957.

Erich Kästner, Erinnerungen, Zitat aus: Die Königsbrücker
Straße und ich, in: ders., Als ich ein kleiner Junge war.
© Atrium Verlag AG, Zürich 1957.

Astrid Lindgren, Gedanken über die Kindheit, Zitate aus:
Wir spielten und spielten und spielten, in: dies., »Steine

auf dem Küchenbord. Gedanken, Erinnerungen, Einfälle.« © Friedrich Oetinger, Hamburg.

Astrid Lindgren, Leseabenteuer, Zitat aus: Und an diesen Schnee werde ich mich erinnern, wenn ich schon jeden anderen Schnee vergessen habe, in: dies., »Steine auf dem Küchenbord. Gedanken, Erinnerungen, Einfälle.« © Friedrich Oetinger, Hamburg.

Loki Schmidt, Überleben nach dem Krieg (Auszug), in: dies., Erzähl doch mal von früher. © 2008 by Hoffmann und Campe Verlag, Hamburg, S. 98 und 100–103.

Corrie ten Boom, Ein Lied auf gebrochenen Saiten, in: dies., Mit Gott durch dick und dünn. © 2012 SCM Hänssler in der SCM Verlagsgruppe GmbH, D-71088 Holzgerlingen (www.scm-haenssler.de), S. 25–27.

Corrie ten Boom, Liebet eure Feinde, in: dies., Mit Gott durch dick und dünn. © 2012 SCM Hänssler in der SCM Verlagsgruppe GmbH, D-71088 Holzgerlingen (www.scm-haenssler.de), S. 32–34.

Willi Fährmann, Liter für Literatur, in: ders., Als Oma das Papier noch bügelte. © Erben Willi Fährmann, vertreten durch Literarische Agentur Silke Weniger, www.litag.de, S. 24–30.

Willi Fährmann, Lauter Lügen, in: ders., Als Oma das Papier noch bügelte. © Erben Willi Fährmann, vertreten durch Literarische Agentur Silke Weniger, www.litag.de, S. 36–40.